Prüfungstrainer und Arbeitsheft

KiNDERPFLEGE

Autorinnen:
Susanne Bachmann
Caroline Grybeck

unter Mitarbeit der Verlagsredaktion

Cornelsen

Projektleitung: Carina vom Hagen
Redaktionelle Mitarbeit: Annika Löbsin
Layoutkonzept: Michael Heimann, Heimann und Schwantes, Berlin
Layout und technische Umsetzung: zweiband.media, Berlin
Umschlaggestaltung: Rosendahl Grafikdesign, Berlin
Titelfotos: Fotolia/freepeoplea; colourbox.com/Petro Feketa; Glow Images/Stockbroker; Fotolia/asife; Lili K./Corbis; picture alliance/PhotoAlto

Zum Erstellen dieses Werkes wurden Inhalte übernommen und bearbeitet aus:
Erzieherinnen + Erzieher Prüfungswissen (Autor: Andreas Ziegner)

www.cornelsen.de

Die Webseiten Dritter, deren Internetadressen in diesem Lehrwerk angegeben sind, wurden vor Drucklegung sorgfältig geprüft. Der Verlag übernimmt keine Gewähr für die Aktualität und den Inhalt dieser Seiten oder solcher, die mit ihnen verlinkt sind.

1. Auflage, 2. Druck 2021

Alle Drucke dieser Auflage sind inhaltlich unverändert und können im Unterricht nebeneinander verwendet werden.

© 2015 Cornelsen Schulverlag GmbH, Berlin
© 2021 Cornelsen Verlag GmbH, Berlin

Das Werk und seine Teile sind urheberrechtlich geschützt.
Jede Nutzung in anderen als den gesetzlich zugelassenen Fällen bedarf der vorherigen schriftlichen Einwilligung des Verlages. Hinweis zu §§ 60 a, 60 b UrhG: Weder das Werk noch seine Teile dürfen ohne eine solche Einwilligung an Schulen oder in Unterrichts- und Lehrmedien (§ 60 b Abs. 3 UrhG) vervielfältigt, insbesondere kopiert oder eingescannt, verbreitet oder in ein Netzwerk eingestellt oder sonst öffentlich zugänglich gemacht oder wiedergegeben werden.
Dies gilt auch für Intranets von Schulen..

Druck: H. Heenemann, Berlin

ISBN 978-3-06-451112-5

PEFC zertifiziert
Dieses Produkt stammt aus nachhaltig bewirtschafteten Wäldern und kontrollierten Quellen.
www.pefc.de
PEFC/04-31-1156

Vorwort

Liebe Lernenden,

dieses kompakte Arbeitsheft mit Prüfungstraining möchte Sie bei der Wiederholung und Aufbereitung des wichtigsten Lernstoffs der Ausbildung in der Kinderpflege unterstützen.

Sie finden Sie zu allen wichtigen Themenfeldern der Kapitel vielfältige Aufgaben zur Wiederholung des theoretischen Wissens, Lernsituationen mit Handlungsaufträgen sowie Tipps zum Lernen für die Prüfung. Weil jeder Mensch anders lernt, bietet das Buch sowohl offene als auch geschlossene Fragen sowie Rätsel und Multiple-Choice-Fragen. Diese können Sie im Selbststudium alleine oder aber in Ihrer Lerngruppe bearbeiten und anschließend diskutieren.

Alle Lösungen der Aufgaben finden Sie im Internet unter **www.cornelsen.de/cbb/pruefungswissen-kinderpflege**. Beachten Sie bitte, dass es sich bei den Lösungen häufig um Lösungsvorschläge handelt, die auch anders formuliert sein können.

Zusätzlich zum Aufgabenteil befindet sich auch ein Teil mit exemplarischen fallorientierten Prüfungsfragen in diesem Buch. Diese sollen Ihnen einen ersten Einblick in einen möglichen Aufbau solch einer Prüfung geben.

Die Fragen sind von Bundesland zu Bundesland sowie von Schule zu Schule so unterschiedlich, dass hier nur eine kleine Auswahl beispielhaft dargestellt werden kann. Sie dienen aber dazu, Ihnen als Lernende zu vermitteln, wie solche Prüfungsfragen aussehen und was sie beinhalten können.
Die Prüfungskomplexe sind jeweils an einer Fallsituation ausgerichtet und aufgegliedert in drei Tabellenspalten:
1. Spalte: exemplarische Prüfungsfragen oder -aufgaben
2. Spalte: mögliche Antworten/Lösungsvorschläge
3. Spalte: Tipps des Prüfers
Offene Fragen (vor allem in mündlichen Prüfungen) bereiten vielen Lernenden Probleme, weil sie häufig nicht wissen, was mit diesen Fragen gemeint ist. Die **Tipps für die Prüfung** sollen Ihnen deswegen Anregungen bieten, welche Aspekte Sie bei der Beantwortung der Fragen beachten sollten.
Wir hoffen, wir können Ihnen mit diesen Prüfungskomplexen eine erste Orientierung geben, wie man knifflige Prüfungsfragen beantworten kann und worauf man ganz besonders achtgeben sollte.

Zum Nachschlagen des Lehrplanstoffes und zur Wiederholung des Gelernten empfehlen wir Ihnen folgende Lehrbücher:
Kinderpflege – Sozialpädagogische Theorie und Praxis (ISBN 978-3-06-451111-8)
Sozialpädagogik – Hauswirtschaft (ISBN 978-3-06-451175-0)
Sozialpädagogik – Säuglingsbetreuung (ISBN 978-3-06-451177-4)
Sozialpädagogik – Gesundheit und Ökologie (ISBN 978-3-06-451179-8)

Wir wünschen Ihnen viel Freude beim Arbeiten und Lernen mit diesem Buch, außerdem eine erfolgreiche Prüfung!

Das Autorenteam
Die Verlagsredaktion

Inhalt

A
Wissensvertiefende Aufgaben — 5

1 Kinderpflege als Beruf — 6
2 Grundlagen der Psychologie — 10
3 Grundlagen der Pädagogik — 29
4 Grundlagen der Praxisgestaltung — 50
5 Hauswirtschaft — 76
6 Säuglingsbetreuung — 96
7 Gesundheit und Ökologie — 114

B
Handlungsorientierte Aufgaben — 129

1 Sprachbildung: Den kindlichen Spracherwerb verstehen und unterstützen — 130
2 Gruppe und Erziehung — 134
3 Eltern als Bildungs- und Erziehungspartner betrachten — 138
4 Lernen: Kindliche Lernwege verstehen — 142
5 Medien und Medienkompetenz — 146
6 Erziehungsstile: Bewusstes Erziehungshandeln — 150
7 Sich verständigen: Kommunikation und Interaktion — 153
8 Grundprinzipien der Erziehung: Inklusion, Ressourcenorientierung und Gender — 156
9 Die kindliche Entwicklung von 0–10 Jahren — 160
10 Das Spiel des Kindes — 164
11 Erziehung unter besonderen Bedingungen — 167

C
Lernen lernen — 171

1 Was ist lernen? — 172
1.1 Der Begriff „Lernen" — 172
1.2 Physiologische Grundlagen des Lernens — 172
1.3 Lernvoraussetzungen — 173

2 Informationen strukturieren — 176
2.1 Informationen sammeln — 176
2.2 Informationen verarbeiten und gliedern — 178

3 Lernen organisieren — 180
3.1 Lerntypen und Lernkanäle — 180
3.2 Lern- und Arbeitstechniken — 180
3.3 Lernen optimal organisieren — 184

4 Lernen in der Gruppe — 187
4.1 Vorteile gemeinsamen Lernens — 187
4.2 Kooperatives Lernen — 187
4.3 Voraussetzungen für gemeinsames Lernen — 187
4.4 Arbeitsprozess in der Gruppe — 188

D
Prüfungsfragen — 189

1 Mehrsprachigkeit in der Kindertageseinrichtung fördern — 190
2 Bildungsprozesse erkennen und spielpädagogisch unterstützen — 194
3 Bindungsbeziehungen zu Kindern aufbauen und pflegen — 198
4 Bedürfnisse von Kindern bei der Eingewöhnung in die Kindertagesstätte — 202

Stichwortverzeichnis — 206
Bildquellenverzeichnis — 208

A Wissensvertiefende Aufgaben

A Wissensvertiefende Aufgaben

1 Kinderpflege als Beruf

1.1 Erklären Sie, was unter „biografischer Selbstreflexion" zu verstehen ist. Warum sollten Sie diese Methode während Ihrer Ausbildung zur Kinderpflegerin oder zum Kinderpfleger anwenden?

1.2 Über welche Kompetenzen müssen Sie verfügen, um als Kinderpflegerin oder Kinderpfleger arbeiten zu können? Vervollständigen Sie die Grafik.

Wissen	Fertigkeiten	Personale Kompetenz	
		Sie können ... • die Arbeit in einer Gruppe und deren Lern- oder Arbeitsumgebung mitgestalten. • kontinuierlich Unterstützung anbieten. • Abläufe und Ergebnisse begründen. • über Sachverhalte umfassend kommunizieren.	Sie können sich ... Lern- und Arbeitsziele setzen, diese reflektieren, realisieren und verantworten.

1.3 Welche Aussagen zur sozialen Rolle sind richtig? Kreuzen Sie an.

1	„Soziale Rolle" ist ein Begriff aus der Psychologie.	
2	Soziale Rollen sind die Erwartungen, die an Menschen in bestimmten Lebenszusammenhängen gestellt werden.	
3	Ein Mensch kann verschiedene soziale Rollen einnehmen.	
4	Die jeweilige Rolle ergibt sich aus den Erfahrungen der Gruppe mit dem Verhalten des Einzelnen.	
5	Erziehung und Erfahrung prägen die Erwartungen, die Menschen an eine Rolle haben.	

1.4 Während eines Praktikums können Handlungskompetenzen aus den vier Bereichen Selbstkompetenz (1), Sozialkompetenz (2), Fachkompetenz (3) und Methodenkompetenz (4) erlernt werden.
Ordnen Sie unten stehende Kompetenzen den jeweils passenden Bereichen zu.

Kompetenz	
Selbstsicherheit und professionelle Distanz entwickeln	
die Bedeutung z. B. von kulturellen Unterschieden kennen	
Konflikte lösen und Gespräche führen	
im Team zusammenarbeiten	
die eigene Rolle im zukünftigen Beruf finden	
eine annehmende, wertfreie Haltung entwickeln	
pädagogische Angebote planen, durchführen und reflektieren	
Rechtsgrundlagen kennen	
persönliche Stärken und Schwächen erkennen und damit umgehen	
Erfahrungen im Bereich Kommunikation und Konfliktlösung sammeln	

1.5 Es gibt unterschiedliche Gesprächsformen. Vervollständigen Sie die Sätze.

a Ein _____ findet statt, wenn die Praktikantin unsicher mit ihrer Berufswahl ist.

b Regelmäßige, geplante Gespräche zwischen Praxisanleiterin und Praktikantin nennt man _____ .

c Kurze Absprachen trifft man in einem _____ .

d Bei Problemen zwischen Kollegen und Praktikanten ist ein _____ notwendig.

A Wissensvertiefende Aufgaben

1.6 Nennen Sie mindestens drei problemlösende Verhaltensweisen bei Konflikten.

1.7 Arbeitnehmer und Arbeitgeber haben unterschiedliche Rechte und Pflichten. Vervollständigen Sie die Tabelle.

Der Arbeitgeber muss ...	Der Arbeitnehmer muss ...

1.8 Ergänzen Sie den Lückentext zur Aufsichtspflicht. Bilden Sie hierzu aus den Wortbruchstücken passende Begriffe.

> abh • Betr • sver • ote • ängig • beau • tigen • üb • agen • Übe • be • Gef • que • Aufs • Einz • ten • info • ren • ein • en • Verb • tions • rga • llen • ertr • Vorf • rmie • icht • schätz • eld • euuung • trag • fsich • ahren • elfall • Pflich • situa

Eltern sind dazu verpflichtet, ihre minderjährigen Kinder zu _____. Wenn sie ihr Kind in eine Einrichtung geben, unterzeichnen sie einen _____.

Damit _____ sie die Aufsichtspflicht an die Einrichtung. In Kindertageseinrichtungen gilt dies von der _____ am Morgen bis zur Abholung durch die Eltern. Aufsichtspflicht bedeutet dabei nicht, alle _____ von den Kindern fernzuhalten. Vielmehr sollen die Kinder unter umsichtiges und verantwortungsvolles Handeln lernen.

Was dies in der Praxis genau bedeutet, ist immer vom _____ abhängig. Im Allgemeinen können aber folgende _____ zur Aufsichtsführung beschrieben werden. Man muss

- sich und andere über Gefahrenquellen und den Umgang damit _____.

- sicherstellen, dass Gefahrenquellen beherrschbar sind, und dazu die Kinder und die Situation individuell _____.

- Verhaltensregeln festlegen, Ge- und _____ aussprechen.

- Kinder _____ überwachen.

- bei konkreter Gefahr eingreifen, manchmal bereits im _____.

A Wissensvertiefende Aufgaben

2 Grundlagen der Psychologie

2.1 Womit nehmen wir Reize aus der Umwelt wahr?
Ergänzen Sie in der Tabelle die Sinnesorgane und die dazugehörigen Sinneswahrnehmungen.

Sinnesorgan	Sinneswahrnehmung

2.2 Vervollständigen Sie die Grafik zum Prozess der Wahrnehmung.
Verwenden Sie hierfür die Wörter aus dem Kasten.

Erfahrung • Empfindung • Reiz • Reaktion • Sinnesorgan • Erfahrung

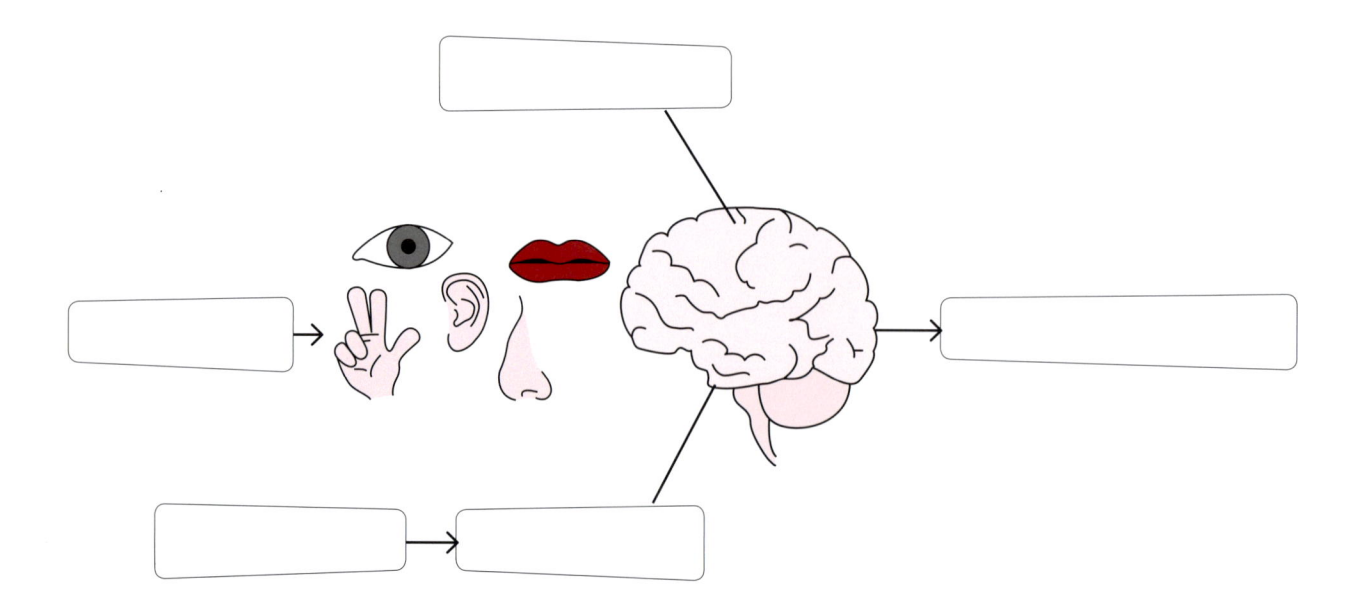

2.3 Verschiedene Faktoren haben einen Einfluss auf die Wahrnehmung. Notieren Sie je ein Beispiel, in welchem die Wahrnehmung a) von der Situation, b) von den beteiligten Personen und c) von der Intensität des Reizes beeinflusst wurde.

a Einfluss der Situation:

b Einfluss beteiligter Personen:

c Einfluss der Reizintensität:

2.4 Welche Wahrnehmungsgesetze werden in den Bildern deutlich?

A Wissensvertiefende Aufgaben

2.5 Erklären Sie den Unterschied zwischen Wahrnehmung und Beobachtung.

_____
_____
_____
_____
_____
_____

2.6 Durch welche Aspekte ist eine fachliche Beobachtung gekennzeichnet?

A Sie ist zielgerichtet.
B Sie konzentriert sich auf bestimmte beobachtbare Aspekte.
C Sie ist frei von Wahrnehmungsfehlern.
D Sie findet spontan statt.
E Sie wird im Anschluss ausgewertet.

A, B und C sind richtig. ☐
A, B und E sind richtig. ☐
B, D und E sind richtig. ☐
Alle sind richtig. ☐

2.7 In der pädagogischen Arbeit werden verschiedene Beobachtungsmethoden angewandt. Ergänzen Sie den Lückentext mit den passenden Begriffen.

a Bei der _____ Beobachtung kann der Beobachter die Handlung, sich selbst, die beobachteten Personen und ihre Beziehungen zueinander direkt erleben.

b Die _____ Beobachtung wird auch Gelegenheitsbeobachtung genannt.

c Die _____ Beobachtung hat den Nachteil, dass die beobachtete Person sich eventuell nicht mehr „echt" verhält.

d Eine _____ Beobachtung bildet oft die Vorstufe zu einer _____ Beobachtung.

2.8 Welche Wahrnehmungs- und Beobachtungsfehler sind hier dargestellt? Nennen Sie die entsprechende Bezeichnung und skizzieren Sie den Fehler in ein bis zwei Sätzen.

a

b

c

A Wissensvertiefende Aufgaben

2.9 Erklären Sie den Zusammenhang zwischen Motivation und Bedürfnis.

2.10 Im Silbenbandwurm verstecken sich die einzelnen Stufen der Bedürfnishierarchie von A. Maslow. Setzen Sie die passenden Begriffe zusammen. Wie man ein solches Erklärungssystem nennt, ergeben die markierten Felder in der richtigen Reihenfolge.

> ver • sche • Freund • ves • ung • zen • bio • schen • Selbst • kog • schaft • wirk • äs • denz •
> ni • lich • Trans • ti • the • gi • ti • lo

Naturwissenschaftliche Aspekte der Welt verstehen zu wollen, ist ein ☐☐☐☐☐☐☐☐ Bedürfnis des Menschen.

Menschen brauchen Lob und Anerkennung. Hieraus ergibt sich das Bedürfnis nach ☐☐☐☐☐☐☐☐☐☐ und Beziehung.

Bevor nicht die grundlegenden ☐☐☐☐☐☐☐☐☐☐ Bedürfnisse eines Menschen nach Nahrung, Gesundheit, Ruhe oder Sexualität erfüllt sind, wendet er sich nicht der nächsthöheren Stufe zu.

Die höchste Stufe der Bedürfnispyramide zeigt sich im Wunsch nach ☐☐☐☐☐☐☐☐☐☐☐☐☐.

Schönheit und Ordnung spricht das ☐☐☐☐☐☐☐☐☐ Bedürfnis eines Menschen an.

Mit dem Bedürfnis nach ☐☐☐☐☐☐☐☐☐☐☐☐☐☐☐☐☐☐☐ ist der Wunsch gemeint, die eigenen Fähigkeiten ausschöpfen zu wollen.

Lösungswort: ☐☐☐☐☐☐

2.11 Die Leistungsmotivation entwickelt sich bei Kindern im Wesentlichen in vier Stufen. Schreiben Sie hinter die Beschreibungen der Entwicklungsstufen das Alter, in dem diese erstmalig zu beobachten sind.

a Das Kind entdeckt die Freude am Selbermachen. Dabei kann es zu Frustrationserlebnissen kommen, wenn das Kind kognitiv oder motorisch zu einer Handlung noch nicht in der Lage ist. Hat es Erfolg, freut sich das Kind über Lob.

b Das Kind kann zwischen dem eigenen Können und der Schwierigkeit einer gestellten Aufgabe unterscheiden. Es ist dazu in der Lage, zu erkennen, ob es mit einer Aufgabe über- oder unterfordert ist.

c Das Kind freut sich, wenn seine Handlung einen merkbaren Effekt hat.

d Das Kind entdeckt einen Zusammenhang zwischen seinem eigenen Handeln und dem Ergebnis. Die Folge können positive und negative Emotionen sein.

2.12 Welche Auswirkungen kann das ständige Erleben von Misserfolgen haben?

A Wissensvertiefende Aufgaben

2.13 Nach Carl Rogers sind für die Entwicklung des Selbstwertgefühls drei Faktoren von besonderer Bedeutung. Erklären Sie die Begriffe und erläutern Sie, welche Verhaltensweisen der Bezugspersonen positive oder negative Entwicklungen zur Folge haben können.

Sichere soziale Basis:

Selbstwertschätzung:

Selbstwirksamkeit:

2.14 Lernen erfolgt nicht nur zum Zwecke des Wissenszuwachses. Zählen Sie fünf weitere Lernanlässe auf.

Bewegungen/Abläufe

Es gibt immer viel zu lernen!

2.15 Das menschliche Gedächtnis ist ein Mehrspeichermodell. Verbinden Sie die zusammengehörigen Begriffe.

Sensorisches Gedächtnis	Arbeitsspeicher	Sekundenkurze Speicherung von Informationen
Kurzzeitgedächtnis	Wissensspeicher	Verarbeitung akustischer und visueller Reize
Langzeitgedächtnis	Ultrakurzzeitgedächtnis	Dauerhafte Speicherung von bedeutsamen Informationen

A Wissensvertiefende Aufgaben

2.16 Verbinden Sie die Beschreibungen mit den passenden Begriffen zum Lernen.

Beschreibung	Begriff
Ein neuer Reiz wird mit einem bereits bestehenden Verhalten auf einen anderen Reiz verknüpft, sodass auch der neue Reiz allein dieses Verhalten auslösen kann.	Operantes Konditionieren
Ein Mensch mit Höhenangst wird im Rahmen einer Verhaltenstherapie so lange mit einer großen Höhe konfrontiert, bis die Bedeutung von großer Höhe als Angst auslösende Bedrohung gelöscht wurde.	Effektgesetz
Erfolgreiche Verhaltensweisen werden beibehalten, andere gehen verloren.	Klassisches Konditionieren
Zufällig auftretendes Verhalten kann durch die Umwelt verstärkt werden. Fehlt diese Verstärkung oder wird das Verhalten bestraft, sinkt die Wahrscheinlichkeit, dass das Verhalten erneut gezeigt wird.	Extinktion

2.17 Erklären Sie den Zusammenhang zwischen dem Phänomen der erlernten Hilflosigkeit und Bestrafungen.

2.18 Nennen Sie mindestens drei Möglichkeiten, wie unerwünschtes Verhalten bei Kindern verändert werden kann.

2.19 Welche Eigenschaften sind für das Lernen am Modell wichtig? Kreuzen Sie die richtigen Aussagen an.

Modelle werden besonders dann imitiert, wenn …

1	Beobachter und Modell sich ähnlich sind.	
2	der Beobachter über ein starkes Selbstvertrauen verfügt.	
3	das Modell dem Beobachter nicht bekannt ist.	
4	der Beobachter dafür belohnt wird, wenn er auf das Modell achtet.	
5	das Verhalten des Modells positive Folgen hat.	

2.20 Aus der konstruktivistischen Lerntheorie ergeben sich vier Prinzipien für das Lehren und Lernen. Notieren Sie für jedes Prinzip, wie dieses bei der Arbeit mit Kindern berücksichtigt werden kann.

Lehr- und Lernprinzipien	Empfehlungen für die Arbeit mit Kindern
Es kann nur das verstanden und gelernt werden, was sich mit bereits vorhandenem Wissen verbinden lässt.	
Die Konstruktionsprozesse/Lernprozesse sind bei jedem individuell verschieden.	
Lernen erfordert die Umstrukturierung bereits vorhandenen Wissens.	
Jeder organisiert sich selbst und ist für seinen Lernprozess selbst verantwortlich.	

A Wissensvertiefende Aufgaben

2.21 Die Entwicklung des Menschen kann durch verschiedene Faktoren beeinflusst werden. Schreiben Sie an die Begriffe die zutreffenden Nummern:
1 für endogene Faktoren, 2 für exogene Faktoren und 3 für autogene Faktoren.

soziale Umwelt ☐   Chromosomen ☐   Klima ☐

Selbstbildungspotenzial ☐   Familie ☐

genetische Erbinformationen ☐   Spielmaterial ☐

Motivation ☐   materielle Umwelt ☐

2.22 Vervollständigen Sie die Sätze zur Entwicklung und tragen Sie die Begriffe in das Rätsel ein. Gesucht ist ein sozialer Einflussfaktor bei der menschlichen Entwicklung. Bringen Sie dazu die markierten Buchstaben in die richtige Reihenfolge.

1 Entwicklung ist ein stetig fortlaufender, … Prozess.
2 Entwicklung baut immer auf bereits gegebenen … auf.
3 Der Entwicklungsprozess ist abhängig von den … der Umwelt.
4 Auch die inneren Anlagen eines Menschen beeinflussen seine Entwicklung. Sie werden … Faktoren genannt.
5 … sind Anforderungen, die in bestimmten Lebensphasen an einen Menschen gestellt werden. (Entwicklungsaufgaben)
6 Auch die … von einer Phase in die nächste sind wichtig.
7 In Zeiten scheinbaren Entwicklungsstillstands wird das Gelernte …

Lösungswort: ☐☐☐☐☐☐☐

2.23 Erklären Sie den Begriff „kompetenter Säugling".

2.24 Definieren Sie in ein bis zwei Sätzen die Begriffe Wachstum, Reifung und Lernen aus Sicht der Entwicklungspsychologie.

Wachstum:

Reifung:

Lernen:

2.25 Nennen Sie die vier Teilbereiche, in denen sich die menschliche Entwicklung vollzieht.

1
2
3
4

A Wissensvertiefende Aufgaben

2.25 Welche bindungsfördernden intuitiven Verhaltensweisen und körperlichen Eigenschaften von Babys und Kleinkindern verbergen sich im Buchstabensalat?

UCHLAFNAEN: _____

NALLKUERUGE: _____

NEEIWN: _____

ENMKLARNAM: _____

ÄAHNNLCEL: _____

MASCKICHENHEND: _____

FRUNE: _____

NRECHISE: _____

2.26 Wodurch zeichnen sich die Bindungstypen in der Bindungstheorie nach Ainsworth aus? Vervollständigen Sie die Tabelle in Stichpunkten.

Bindungstyp	Verhalten des Kindes	Verhalten der Bezugsperson
unsicher vermeidende Bindungsqualität		
sicher gebundene Bindungsqualität		
unsicherambivalente Bindungsqualität		
desorganisiertes Bindungssystem		

2.27 Welche Eigenschaften und welches Verhalten zeigen sicher gebundene Kinder und Jugendliche? Vervollständigen Sie die Grafik.

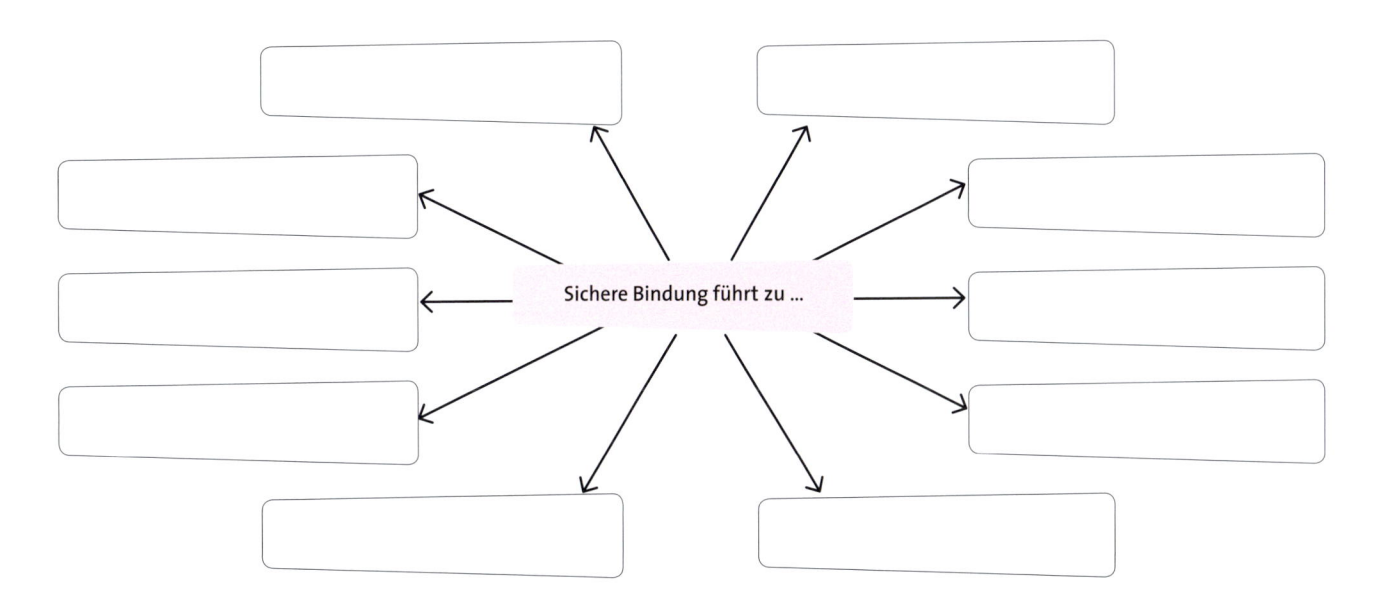

Sichere Bindung führt zu …

2.28 Nennen Sie je drei Beispiele für normative und nichtnormative Übergänge im Leben eines Menschen.

normative Übergänge:

-
-
-

nichtnormative Übergänge:

-
-
-

A Wissensvertiefende Aufgaben

2.29 Erklären Sie den Begriff „Resilienz".

2.30 Welche Aussagen zur motorischen Entwicklung sind richtig? Kreuzen Sie an.

	richtig	falsch
Im Alter von ca. 12 Monaten können Kinder einen Löffel selbstständig zum Mund führen.		
Mit ca. 6 Monaten lernen Kinder, sich selbstständig aufzusetzen.		
Mit ca. 2 Jahren können Kinder rückwärts und auf Zehenspitzen gehen.		
Das Stehen auf einem Bein gelingt Kindern mit ca. 2 Jahren.		
Mit ca. 3 Jahren sind Kinder in der Lage, Wasserhähne zu bedienen.		
Im Alter von ca. 4 Jahren können Kinder sich alleine anziehen und Knöpfe schließen.		
Mit ca. 6 Jahren können Kinder verkehrssicher Fahrrad fahren.		

2.31 Erläutern Sie, warum Kinder besonders leicht Sprachen erlernen können.

2.32 Sortieren Sie die vier Hauptstadien des Stufenmodells von Piaget nach der Reihenfolge ihres Auftretens in der kognitiven Entwicklung von Kindern. Verwenden Sie die Ziffer 1 für die früheste und 4 für die späteste Entwicklungsstufe.

präoperationale Stufe	
formal-operationale Stufe	
konkret-operationale Stufe	
sensumotorische Stufe	

2.33 Ordnen Sie die folgenden Begriffe den Entwicklungsstufen nach Piaget zu. Verwenden Sie hierfür die in der vorherigen Aufgabe den Stufen zugeordneten Ziffern.

abstraktes Denken	
Zentrierung	
Objektpermanenz	
Egozentrismus	
realistische, logische Betrachtungen	
Instinktorientierung	
magisches Denken	
Perspektivübernahme	

2.34 Paul Watzlawick prägte den Satz „Man kann nicht nicht kommunizieren". Was hat er damit gemeint?

A Wissensvertiefende Aufgaben

2.35 Skizzieren Sie anhand der Bilder die Ausdrucksbereiche von Kommunikation.

_____
_____
_____
_____
_____
_____
_____

2.36 Vervollständigen Sie den Lückentext zum Regelkreis der Kommunikation.

Der Sender verfolgt mit seiner Nachricht eine _____ .

Er bringt diese Information in bestimmte _____ . Damit codiert er die Nachricht.

Mithilfe eines _____ oder über einen Kanal sendet er Informationen an den Empfänger.

Der Empfänger entschlüsselt die Informationen. Dies nennt man _____ .

Die erhaltene Information führt beim Empfänger zu einer bestimmten _____ .

Er wird selbst zum _____ und schickt Informationen an den Empfänger zurück.

2.37 Vervollständigen Sie das Eisbergmodell.

sichtbar

1/7

unsichtbar

6/7

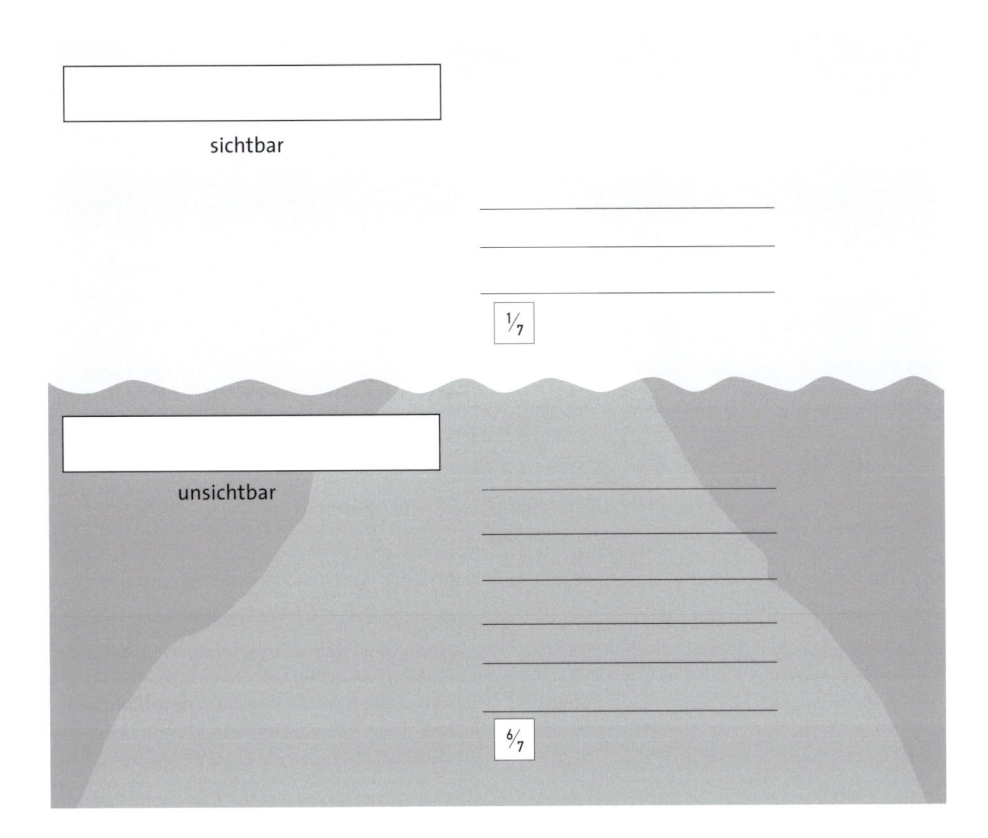

2.38 Kinderpflegerin Jenny sagt zu Milena: „Räum bitte die Bauklötze weg!"
Beschreiben Sie anhand des Vier-Ohren-Modells, wie diese Nachricht von Milena verstanden werden kann.

Selbstkundgabe-Ohr:

Sach-Ohr:

Beziehungs-Ohr:

Appell-Ohr:

A Wissensvertiefende Aufgaben

2.39 Kommunikationsstörungen kann am besten mit Ich-Botschaften vorgebeugt werden. Formulieren Sie die folgenden Sätze so um, dass damit die eigenen Gefühle und Ansichten des Senders zum Ausdruck gebracht werden.

1 Du sollst die Bauklötze wegräumen!

2 Du bist viel zu laut!

3 Du machst immer nur Unsinn!

4 Du sollst beim Essen auf deinem Platz sitzen bleiben!

5 Du willst immer deinen Willen durchsetzen!

3 Grundlagen der Pädagogik

3.1 Lösen Sie das Kreuzworträtsel zu den Einflüssen von Anlage und Umwelt bei der kindlichen Entwicklung. Gesucht ist ein Begriff aus der Umwelttheorie.

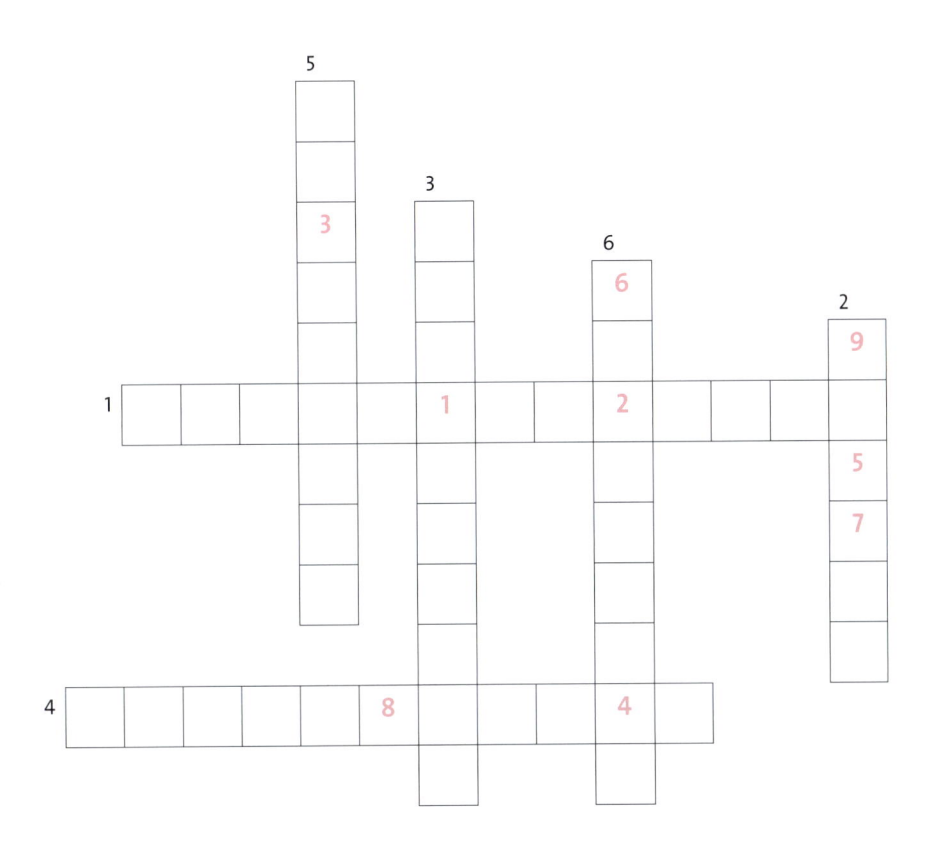

1. automatisches Hineinwachsen von Neugeborenen in die Kultur, in der sie geboren wurden
2. genetische Ausstattung des Menschen in den Chromosomen
3. Anschauung, nach der das Verhalten und die Eigenschaften des Menschen von Geburt an festgelegt sind
4. Lebensweise, bei der alles von der negativen Seite betrachtet wird
5. Säuglinge übernehmen Handlungen, Verhalten und Denken der Bezugspersonen auf diese Weise
6. Die Annahme, dass Erziehung wesentlich für die Entwicklung und Entfaltung der Anlagen eines Menschen ist, nennt man pädagogischen …

Lösung: _ _ _ _ A   _ _ _ _
       1 2 3 4 5   6 7 8 9

A Wissensvertiefende Aufgaben

3.2 Definieren Sie den Begriff Erziehung.

3.3 Sind die Aussagen zu Werten und Normen richtig?
Wenn nein, korrigieren Sie die Aussage.

a Normen sind kulturell geprägte und lange überlieferte Verhaltensregeln.
richtig ☐ falsch ☐

b Normen beziehen sich auf die persönliche Haltung eines Menschen oder einer Gruppe.
richtig ☐ falsch ☐

c Die Normen einer Gesellschaft sind in Gesetzen und Vorschriften festgehalten.
richtig ☐ falsch ☐

d Werte schützen die Normen einer Gesellschaft.
richtig ☐ falsch ☐

e Sicherheit, Liebe und Wertschätzung sind primäre Werte, die für alle Menschen von Bedeutung sind.
richtig ☐ falsch ☐

3.4 Welche drei Voraussetzungen müssen gegeben sein, damit Kinder die Schlüsselqualifikationen für die Teilhabe am gesellschaftlichen Leben (z. B. Toleranz, soziales Verhalten) erwerben können? Nennen und erläutern Sie diese.

3.5 Ordnen Sie die Basiskompetenzen den richtigen Kompetenzbereichen zu.

personale Kompetenzen	Verantwortung übernehmen
	Selbstvertrauen haben
soziale Kompetenzen	Resilienz entwickeln
	Wissen anwenden können
lernmethodische Kompetenzen	empathiefähig sein
	ein positives Bild von sich selbst haben
Kompetenzen im Umgang mit Belastungen und Veränderungen	die eigene Bildung selbst steuern

A Wissensvertiefende Aufgaben

3.6 Erklären Sie den Unterschied zwischen intentional-planvoller und funktional-unbewusster Erziehung.

3.7 Kinder entwickeln durch Erziehung eine eigene Persönlichkeit. Welche der Eigenschaften in der Wolke sind der personalen und welche der sozialen Identität zuzuordnen? Vervollständigen Sie die Grafik.

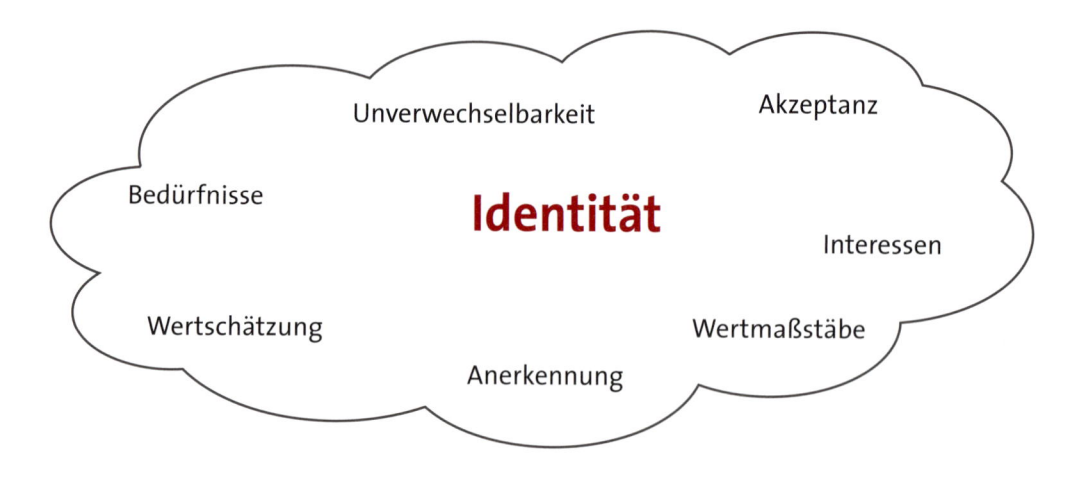

Identität: Unverwechselbarkeit, Akzeptanz, Bedürfnisse, Interessen, Wertschätzung, Wertmaßstäbe, Anerkennung

Personale Identität	Soziale Identität

3.8 Kinder zu loben, ist wichtig für ihre Entwicklung.
Welche sechs Grundregeln sind dabei zu beachten?

1 _____

2 _____

3 _____

4 _____

5 _____

6 _____

3.9 Beschriften Sie in der Grafik die „Fünf Säulen entwicklungsfördernder Erziehung"

Beziehung zwischen Erziehenden und Zu-Erziehenden

A Wissensvertiefende Aufgaben

3.10 Was versteht man unter Sozialisation?

3.11 In der westlichen Industriegesellschaft werden vier Sozialisationsphasen unterschieden. Ergänzen Sie die Tabelle.

Sozialisationsphase	Lebensabschnitt	Kennzeichen/Sozialisationsgeschehen
primäre Sozialisation		
sekundäre Sozialisation		
tertiäre Sozialisation		
quartäre Sozialisation		

3.12 Sozialisationsinstanzen prägen den Menschen und vermitteln ihm Werte. Welche Sozialisationsinstanzen gibt es? Ergänzen Sie die Grafik.

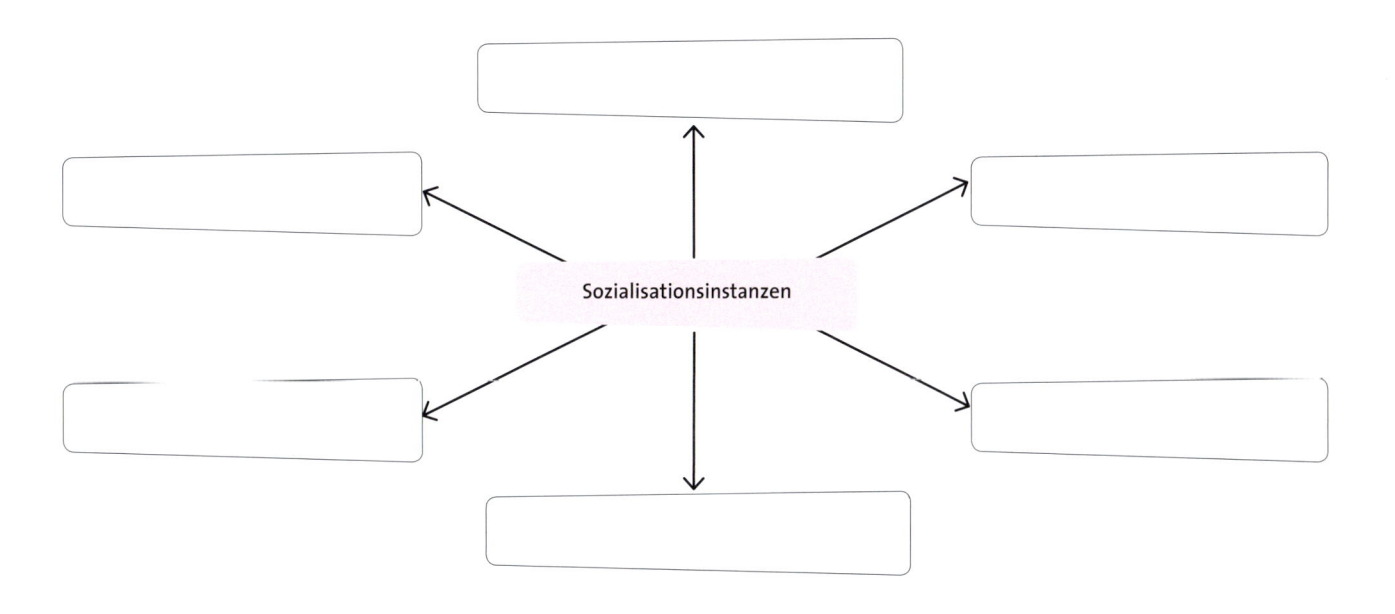

Sozialisationsinstanzen

3.13 Lösen Sie das Rätsel. Gesucht wird eine Sozialisationsinstanz.

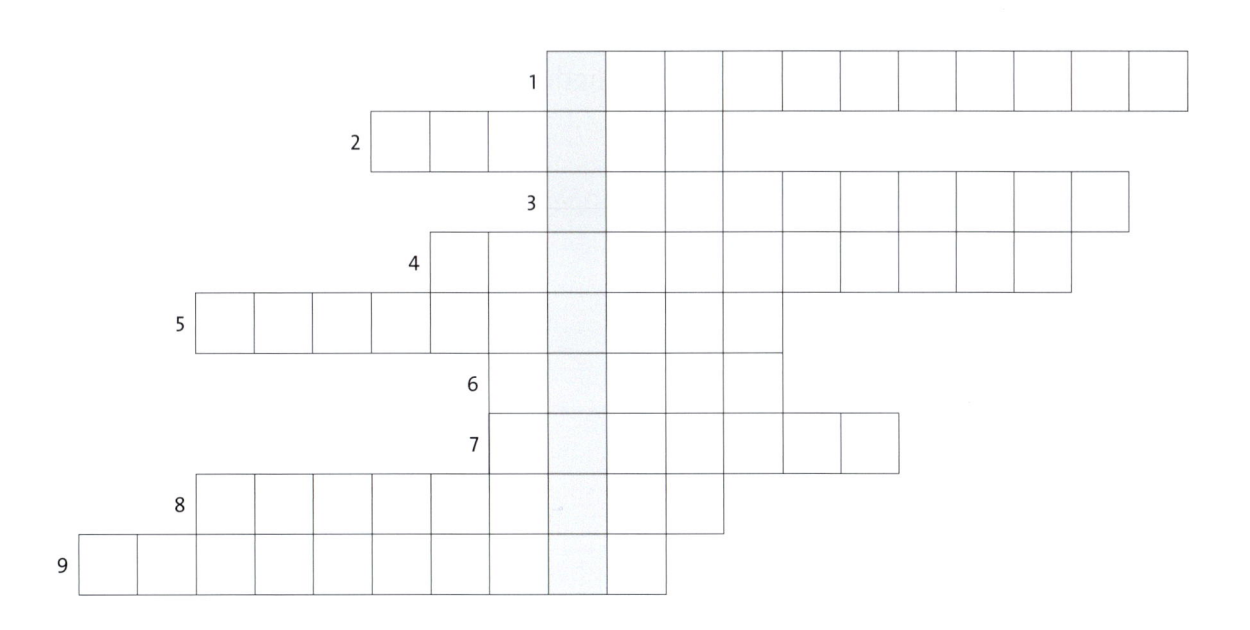

1 Familienform, in der der Mann das Sagen hat
2 Phase zwischen Kindheit und Erwachsensein
3 wächst ohne Geschwister auf
4 Vater, Mutter und Kind(er)
5 durch Lernen und Erziehung gewonnene Kenntnisse und Fertigkeiten
6 Zustand gravierender sozialer Benachteiligung
7 Person, mit der ein Mensch sich identifiziert und dessen Verhalten er nachahmt
8 Trennung von Ehepartnern
9 gleichbleibendes oder häufig vorkommendes Muster

A Wissensvertiefende Aufgaben

3.14 Im Silbensalat verstecken sich drei Grundprinzipien der Erziehung. Setzen Sie die Begriffe richtig zusammen. Achtung: Die Wortanfänge sind im Kasten nicht großgeschrieben!

-klu-	-cen-	-bi-	-sen-	-sour-	-tät-
-ori-	-en-	-in-	-rung-	-gen-	-ti-
-res-	-si-	-sion-	-li-	-der-	

Grundprinzipien der Erziehung:

- _____

- _____

- _____

3.15 Welche pädagogischen Konzepte sind in den Grafiken dargestellt? Skizzieren Sie, welche Vorstellungen über Unterschiede zwischen den Menschen diesen Konzepten zugrunde liegen.

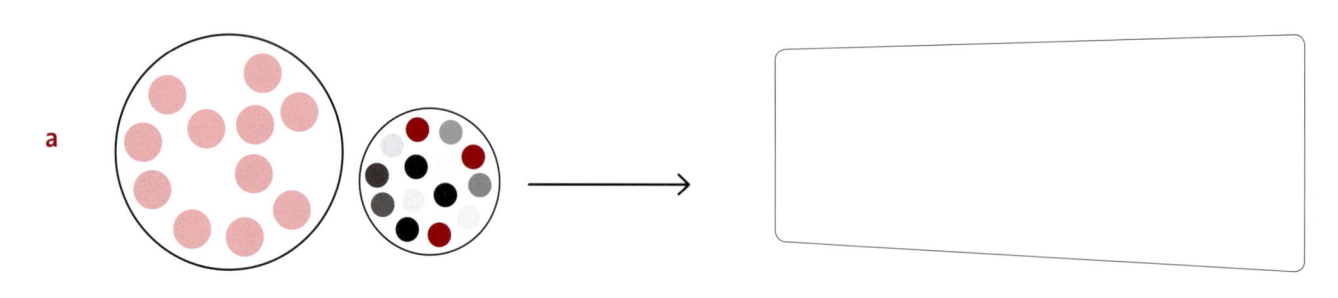

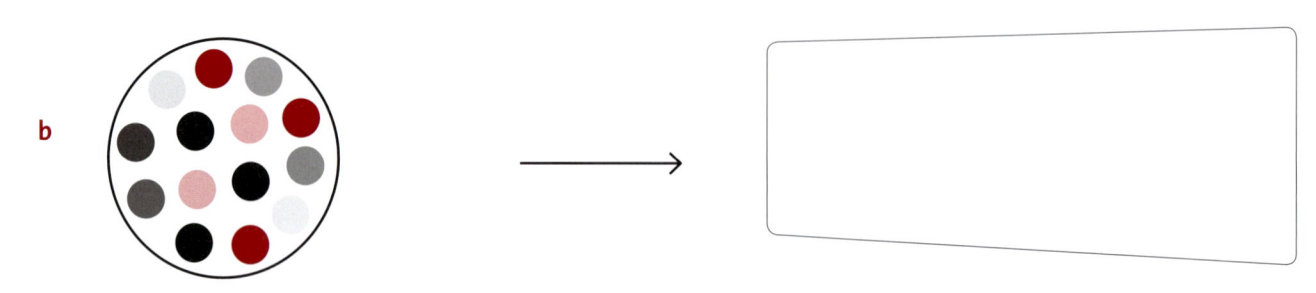

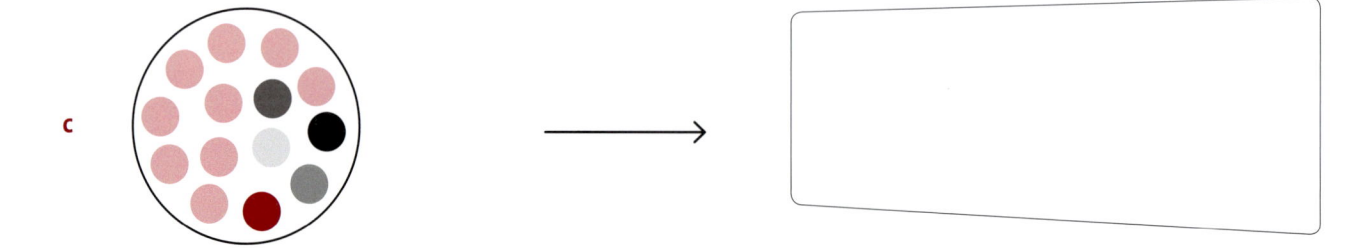

a

b

c

3.16 Erklären Sie das Prinzip der Ressourcenorientierung.

3.17 Wann entwickeln Kinder ihre Geschlechterrolle?
Tragen Sie das richtige Alter in den Lückentext ein.

Kinder können im _____ Lebensjahr zwischen Männern und Frauen unterscheiden.

Im _____ Lebensjahr sind sie sich ihres eigenen biologischen Geschlechts bewusst.

Zwischen dem _____ und _____ Lebensjahr verfestigt sich das Verständnis der Geschlechterrolle durch den Einfluss der Medien, des sozialen Umfelds und der Gesellschaft.

1.18 Wie können die vier Säulen der geschlechtersensiblen Erziehung in der Kindertagesstätte praktisch umgesetzt werden. Notieren Sie je ein Beispiel in Stichworten.

1 Personalkonzept:

2 Raumkonzept:

A Wissensvertiefende Aufgaben

3 Pädagogik:

4 Bildungs- und Erziehungspartnerschaft:

3.19 Welche Anlässe für pädagogische Handlungen gibt es? Vervollständigen Sie die Tabelle.

Interessengruppe	Anlass wird z. B. festgestellt durch ...
	■ Äußerungen ■ Beobachtungen durch die pädagogische Fachkraft
Eltern	■ ■ ■
Kollegen	■ ■
	■ pädagogisches Konzept ■ Leitbild ■ Stellenbeschreibungen ■ Dienstanweisungen
Gemeinwesen	■ ■
	■ Gesetze ■ Bildungspläne ■ allgemeingültige Werte und Normen

3.20 Ordnen Sie die Beispiele aus der erzieherischen Praxis den genannten didaktischen Prinzipien zu.

- Die pädagogische Fachkraft malt mit den Kindern Winterbilder, weil an diesem Tag die ersten Schneeflocken gefallen sind und von den Kindern bestaunt wurden.

- Die anleitende Fachkraft erklärt, dass zunächst alle Teile einer Figur ausgeschnitten werden müssen. Als alle Kinder damit fertig sind, erklärt sie, wie die Figuren miteinander verklebt werden.

- Eine Laterne soll gebastelt werden. Um zu verdeutlichen, wie sie später einmal aussehen kann, stellt die pädagogische Fachkraft mehrere ganz unterschiedlich gestaltete Exemplare auf den Tisch.

- Beim Gestalten des Osterkörbchens bittet die anleitende Fachkraft die Kinder, zunächst einmal selbst zu versuchen, die Löcher in die Henkel zu machen, in die später eine Musterklammer eingesetzt werden soll.

- Beim Erarbeiten des Zahlenraums von eins bis zehn verwendet die pädagogische Fachkraft sowohl Schaubilder, welche die Mengen anzeigen, als auch Merksätze und ein Zahlenlied.

- Während einige Kinder bereits das zweite Fensterbild gestalten, ist ein Kind noch immer damit beschäftigt, sein erstes ganz aufwendig zu gestalten.

Zuordnungen:
- Anschaulichkeit
- Lernen mit mehreren Sinneskanälen
- Lebensweltorientierung
- Individualisierung
- Selbsttätigkeit
- Teilschritte oder Kleinschritte

A Wissensvertiefende Aufgaben

3.21 Für pädagogische Fachkräfte ist es wichtig, sich immer wieder selbst in den Blick zu nehmen. Nennen Sie vier Reflexionsfragen, die Sie sich selbst stellen könnten.

3.22 Zu welchen pädagogischen Konzepten gehören die Aussagen? Tragen sie die passende Ziffer ein.

1. Waldorf-Pädagogik
2. Montessori-Pädagogik
3. pädagogischer Ansatz von Pestalozzi
4. Pädagogik nach Janusz Korczak
5. Reggio-Pädagogik

Aussage	
Erziehung muss mit „Kopf", „Herz" und „Hand" stattfinden.	
Lernprozesse sollen so gestaltet werden, dass die Kinder von Erwachsenen angeregt werden, Dinge aktiv selbst zu lernen. Nur so können sie diese später auch selbsttätig ausführen.	
Das Kind muss keinem Bild entsprechen. Es kann ganz es selbst sein. Es darf Geheimnisse und Träume haben, es hat ein Recht auf Zeit und Raum, auf Erfahrungen in Gemeinschaft, auf Rückzug, auf alle Gefühle, auf Mitsprache und auf achtsame Erwachsene.	
Kinder lernen gern und wollen die Welt begreifen. Dazu brauchen sie eine Lebenswelt, die es ihnen ermöglicht, sie zu verstehen, sie als sinnhaft zu erleben, und in der sie handeln können. Das Denken, Fühlen und Wollen von Kindern soll gleichberechtigt gefördert werden.	
Kinder sollen sich individuell nach ihren Möglichkeiten entfalten und selbst verwirklichen. Die pädagogischen Fachkräfte sollen sich an den Stärken der Kinder orientieren, nicht an ihren Schwächen.	

3.23 Erklären Sie den Unterschied zwischen Erziehungsstil und Erziehungskonzept.

3.24 Kurt Lewin unterschiedet drei grundsätzliche Erziehungs- und Führungsstile. Welcher Erziehungsstil ist in den nachfolgenden Beispielen jeweils gemeint?

1. Tobias: „Zieh bitte deine Jacke an."
   Alexandra: „Warum?"
   Tobias: „Weil wir zum Spielplatz gehen und es draußen kalt ist."
   Alexandra: „Warum?"
   Tobias: „Weil du dich sonst erkältest und krank wirst."
   Alexandra: „Okay. Ich zieh sie an."

2. Tobias: „Zieh deine Jacke an."
   Alexandra: „Warum?"
   Tobias: „Zieh sie an!"
   Alexandra: „Warum denn?"
   Tobias: „Mach gefälligst, was ich dir sage!"
   Alexandra: „Ich will aber nicht."
   Tobias: „Zieh dich sofort an, sonst knallt's!"

3. Tobias: „Zieh deine Jacke an."
   Alexandra: „Warum?"
   Tobias: „Weil's einfach so ist."
   Alexandra: „Warum denn?"
   Tobias: „Ist mir egal. Mach's, wie du willst."

A Wissensvertiefende Aufgaben

3.25 Nennen Sie die zwei Dimensionen pädagogischen Handelns und ihre jeweiligen Ausprägungen, die nach Tausch und Tausch wesentlich sind.

3.26 Beschriften Sie die fünf Säulen guter Erziehung nach Tschöpe-Scheffler.

5 Säulen guter Erziehung

3.27 Ordnen Sie die im Kasten stehenden Begriffe den drei Haupttypen der Temperamentsausprägungen von Kindern zu.

keine Scheu vor Unbekannten • sehr aktiv • skeptisch bis argwöhnisch • lebendig • belastbar
nur langsam anpassungsfähig • in Gruppen eher passiv • impulsiv • fordernd
geringes Selbstvertrauen • einnehmend • sozial verträglich • geringe Frustrationstoleranz • ängstlich
aktiv und produktiv • hohe Anpassungsfähigkeit

Haupttypen der Temperamentsausprägungen	Persönlichkeitsmerkmale
impulsiv-unbeherrschte Kinder	
gehemmt-überkontrollierte Kinder	
ichstarke Kinder	

3.28 Kreuzen Sie an, ob die Aussagen zu Verhaltensstörungen bei Kindern richtig oder falsch sind.

		richtig	falsch
1	Etwa 20 % aller Kinder sind verhaltensauffällig oder zeigen eine Verhaltensstörung.		
2	Eine Verhaltensauffälligkeit liegt dann vor, wenn das Verhalten von dem abweicht, was erwartet wird.		
3	Eine Verhaltensstörung beeinträchtigt den Betroffenen in seiner Leistungsfähigkeit.		
4	Kinder, die „fremdeln", sind verhaltensauffällig.		
5	Das Erkennen einer Verhaltensstörung ist wichtig, da meist eine therapeutische Maßnahme notwendig ist.		

3.29 Welche Risikofaktoren für Verhaltensstörungen gibt es? Nennen Sie die Faktoren und notieren Sie jeweils drei Beispiele.

Risikofaktoren	Beispiele

A Wissensvertiefende Aufgaben

3.30 Erläutern Sie, was Kinder trotz schwieriger Ausgangsbedingungen davor bewahren kann, eine Verhaltensstörung zu entwickeln.

3.31 Ängste im Kindes- und Jugendalter sind abhängig vom Alter und Entwicklungsstand. Tragen Sie mögliche Ängste, die im jeweiligen Alter auftreten können, in die Wolken ein.

Kindergartenkind — Erstklässler — Viertklässler — Jugendlicher

Ängste von Kindern sind abhängig von ihrem Alter und Entwicklungsstand.

3.32 Welche Risikofaktoren für aggressives Verhalten verstecken sich im Buchstabensalat?

- DNEIERIG NTELGENILIZ

- WLRTEUNGGEFAAHR

- NHLDEFEE OLLESEONLBSTKTR

- ÄROTRITERAU LERGSZUNIEHTIS

- EGGERIN ASLEOZI KEGIFERENTIT

3.33 Kinder mit aggressivem Verhalten sind häufig in einem Kreislauf der Aggression gefangen. Geben Sie an, welche Handlungsmöglichkeiten Sie jeweils haben, diesen Kreislauf zu unterbrechen.

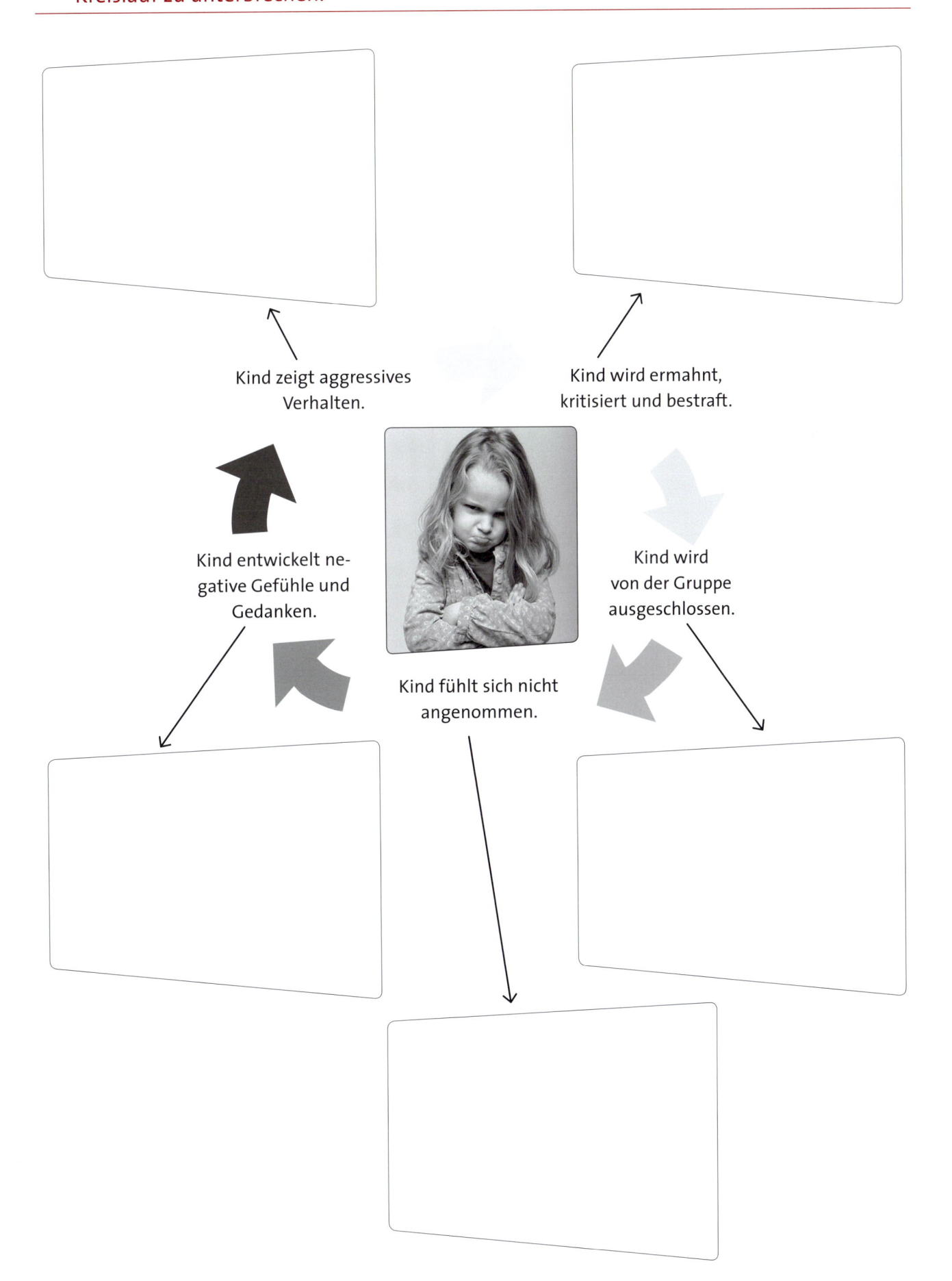

Kind zeigt aggressives Verhalten.

Kind wird ermahnt, kritisiert und bestraft.

Kind entwickelt negative Gefühle und Gedanken.

Kind wird von der Gruppe ausgeschlossen.

Kind fühlt sich nicht angenommen.

A Wissensvertiefende Aufgaben

3.34 Nennen Sie die drei typischen Symptome von ADHS und skizzieren Sie, worin sich diese äußern.

1 _____
2 _____
3 _____

3.35 Geben Sie vier Aufgaben von Kinderpflegern bei der Betreuung von Kindern mit Behinderungen an.

3.36 Welche chronischen Erkrankungen im Kindesalter sind hier beschrieben?

a entzündliche Erkrankung der Atemwege, die mit chronischem Husten und Atemnotattacken einhergeht

b Stoffwechselkrankheit, bei der der Blutzuckerspiegel nicht selbst reguliert werden kann

c Reaktion des Immunsystems auf bestimmte Substanzen, z. B. Gräserpollen oder bestimmte Nahrungsmittel

d Funktionsstörung im Gehirn, die zu krampfartigen Anfällen führt

e entzündliche, stark juckende Hauterkrankung mit trockener, rissiger Haut

3.37 Erklären Sie, was mit dem Begriff „Hochbegabung" gemeint ist.

3.38 Welche Probleme können bei Kindern mit Migrationshintergrund auftreten? Fülle Sie die Lücken im Text.

Durch Sprachschwierigkeiten kann es zu _____ mit anderen Kindern kommen. Auch die _____ zwischen den pädagogischen Fachkräften und den Eltern wird durch die Sprachbarriere erschwert.

Die zu Hause gelebte _____ des Herkunftslandes kann sich von der in der Kindertageseinrichtung vermittelten unterscheiden, z. B. bei der Verwendung bestimmter Nahrungsmittel.

Auch die _____ und Normen sind oft fremd, wodurch es zu Missverständnissen und Konflikten kommen kann.

Viele Kinder haben im Herkunftsland Freunde zurückgelassen und fühlen sich _____ .

In Notunterkünften fehlen Bücher und _____ , die Kinder benötigen Anregung und die Möglichkeit, zu spielen.

Kinder von _____ können mangel- oder fehlernährt sein.

Der Rechtsanspruch auf einen _____ und die Standorte von Kindertagesstätten sind den Eltern oft nicht bekannt.

Bei den Eltern von Asylbewerberkindern fehlt manchmal das Bewusstsein für die Bedeutung vorschulischer _____ .

A   Wissensvertiefende Aufgaben

3.39 Nennen Sie die fünf Merkmale einer Gruppe.

1 _____

2 _____

3 _____

4 _____

5 _____

3.40 Verbinden Sie die Beispiele mit den Gruppenformen.
Achtung: Einige der Beispiele können auch mehreren Gruppenformen zugeordnet werden.

Familie Säwert mit ihren drei Kindern		informelle Gruppe
die Clique von Arabella, Ben und Kasimir		Primärgruppe
die Schach-AG am Dienstagnachmittag		Sekundärgruppe
die Maikäfergruppe der Kita „Sonnenschein"		formelle Gruppe

3.41 Welche Rollen in sozialen Gruppen sind in den Bildern jeweils dargestellt?

a _____ b _____ c _____ d _____

3.42 Lesen Sie die Beispiele und entscheiden Sie, um welche Art von Konflikten innerhalb von Gruppen es sich dabei jeweils handelt.

a Beate Röber arbeitet seit zwei Jahren in der Sterngruppe. Seit vier Monaten ist die Gruppenleitung erkrankt und Beate Röber hat die Gruppe fast alleine geleitet und viel übernommen. Seit einer Woche ist nun eine Erzieherin in der Gruppe angestellt, die gerade ihren Abschluss an der Fachschule gemacht hat. Viele Dinge und Abläufe kennt sie nicht so gut und es ärgert Beate Röber, dass die neue Kollegin jetzt alles anders machen will als sie.

b Die Leitung der Kita „Lummerland", Beate Wegner, und ihre Stellvertreterin Sabine Matzke bereiten das Sommerfest vor. Immer wenn die Kollegen fragen, was denn konkret gemacht werden soll, sagen beide: Das wird noch eine tolle Überraschung für euch! Nur die Gruppenleitung der Fuchsgruppe ist mit der Leitung befreundet und weiß Einzelheiten. Das Team fühlt sich zurückgesetzt und uninformiert.

c Patricia Meissen arbeitet schon seit zehn Jahren in der Kita „Buntspechte". Sie ist morgens immer die Erste in der Gruppe und bereitet alles für den Tag vor. Auch nachmittags geht sie als Letzte nach Hause, weil sie noch den Raum aufräumt. Die Kinderpflegerin Beate Röber hat ein schlechtes Gewissen, weil sie pünktlich nach Hause will. Sie vermutet, dass Patricia Meissen von ihr das gleiche hohe Engagement erwartet, und ist verunsichert.

3.43 Bringen Sie die Schritte zur Konfliktlösung in die richtige Reihenfolge.

| Wünsche formulieren |
| Verhandeln und entscheiden |
| Problem benennen |
| Gemeinsame Ziele und Interessen bestimmen |
| Standpunkte klären |
| Lösungsvorschläge sammeln |

4 Grundlagen der Praxisgestaltung

4.1 Wovon ist der Inhalt der Konzeption einer Kindertageseinrichtung abhängig?
Nennen Sie mindestens vier Punkte.

4.2 Welche vier Aspekte einer reflektierten, professionellen Haltung sind für die Zusammenarbeit mit Eltern wichtig?
Füllen Sie die Lücken, indem Sie die richtigen Silben zusammensetzen.

> res • tier • vol • cen • wert • en • teils • ler • frei • es • sour • wuss • ori • ur • en • te • pekt
> der • res • be • te • vor • schätz

- _____ und _____ Umgang

- _____ Gegenübertreten

- _____ Denkweise

- _____ Gestaltung der Kommunikation

4.3 Lesen Sie die Beispiele zur möglichen Vernetzung von Eltern, Kindertageseinrichtungen und anderen Einrichtungen.
Entschieden Sie, ob es sich dabei um eine fallbezogene (1), prozessabhängige (2) professionsabhängige (3) oder ereignisabhängige (4) Vernetzung handelt.

a Der Schuleintritt steht kurz bevor und soll nun in der pädagogischen Arbeit der Kindertageseinrichtung „Kinderladen" vorbereitet werden. Um die baldigen Schulkinder jedoch nicht nur auf die bevorstehende Schulzeit vorzubereiten, sondern ihnen auch ein vielfältiges Freizeitangebot zum Ausgleich zu eröffnen, stellen die pädagogischen Fachkräfte Kontakte zu benachbarten Sportvereinen, aber auch zu offenen Jugendeinrichtungen her.

b Zum bevorstehenden Elternabend zum Thema „Kinderkrankheiten" lädt das Team der Kindertageseinrichtung „Tulpenweg" die in der Nachbarschaft ansässige Kinderärztin ein.

c Seit dem vergangenen Elterngespräch mit der Familie Zimmermann achtet die Kinderpflegerin Lisa besonders auf die motorische Entwicklung des vierjährigen Ben. Nach längeren Beobachtungen und verschiedenen Testverfahren kommt Lisa gemeinsam mit ihren Kolleginnen zu dem Entschluss, dass Ben zusätzlich zum Bildungs- und Erziehungsangebot in der Kindertageseinrichtung Unterstützung im Bereich der motorischen Entwicklung benötigt. Sie vermittelt den Eltern daher den Kontakt zu anderen Unterstützungs- und Beratungsangeboten.

d Die Kinder der Kindertageseinrichtung „Villa Kunterbunt" beschäftigen sich gerade mit den Tieren auf dem Bauernhof. Besonders gerne schauen sie sich Bücher und Bilder an und bauen Bauernhöfe mit unterschiedlichen Baumaterialien nach. Der Kinderpfleger Manuel möchte den Kindern noch einen weiteren Zugang zum Thema Bauernhof ermöglichen. Dafür nutzt er die bestehenden Kontakte der Kindertageseinrichtung und nimmt Verbindung zu einem in der Nähe wohnenden Bauer auf. Gemeinsam mit ihm organisiert Manuel für die Kinder einen Besuch auf dem Bauernhof und lädt den Bauern zum ersten Kennenlernen für die kommende Woche in die Kindertageseinrichtung ein.

4.4 Erklären Sie den Begriff „interkulturelle Kompetenz" und beschreiben Sie, welche Eigenschaften und Fähigkeiten hierfür notwendig sind.

A Wissensvertiefende Aufgaben

4.5 Worin besteht der Unterschied zwischen primären und sekundären Bedürfnissen?

_____

_____

_____

_____

_____

_____

4.6 Im folgenden Rätsel verstecken sich acht sozial-emotionale Bedürfnisse von Kindern. Markieren Sie die Begriffe.

G	E	R	V	I	F	J	S	Z	O	O	P	L	I	E	R	U	N	G	E
Z	U	G	E	H	Ö	R	I	G	K	E	I	T	T	A	B	N	U	T	I
A	O	K	R	E	T	K	C	H	Ü	R	Z	ß	E	K	L	T	L	T	H
S	P	L	L	O	T	D	H	E	U	K	S	P	R	L	E	P	T	I	N
R	Z	A	T	T	W	S	E	O	H	H	Y	T	N	R	R	T	W	O	K
U	V	T	Ä	D	Q	E	R	Z	T	J	O	E	J	E	K	F	E	A	D
I	E	E	N	F	U	R	H	T	E	S	P	I	Ü	T	H	A	R	E	E
K	S	R	D	X	E	G	E	B	O	R	G	E	N	H	E	I	T	R	N
N	C	A	N	O	Z	N	I	P	T	D	J	R	Q	P	A	E	S	G	I
N	H	F	I	Z	K	E	T	P	B	O	H	G	U	N	S	T	C	L	G
D	D	I	S	P	L	U	L	A	E	P	S	U	I	L	S	P	H	V	K
E	E	T	P	L	N	I	Z	U	W	E	N	D	U	N	G	L	Ä	X	L
R	I	E	T	L	N	K	I	S	E	R	S	A	F	T	T	L	T	Ö	P
T	L	S	E	N	A	M	E	D	G	H	C	N	L	M	R	T	Z	H	P
L	K	O	W	D	S	U	R	E	U	T	H	T	O	U	E	I	U	T	C
Ä	Ö	T	J	E	D	N	E	A	N	E	R	K	E	N	N	U	N	G	H
T	B	E	G	A	E	G	T	R	G	R	E	I	T	T	I	S	G	I	E

4 Grundlagen der Praxisgestaltung

4.7 Lesen Sie das Alltagsbeispiel und beurteilen Sie die Aussage von Frau Müller.

> Lisa (2;6) wehrt sich nach Leibeskräften, als ihre Mutter den Reißverschluss an ihrer Jacke schließen möchte. Sie brüllt: „Will alleine!" Die Mutter antwortet: „Morgen wieder, Lisa, wir haben es jetzt eilig." Daraufhin wirft Lisa sich auf den Boden und heult.
> Frau Müller (74) hat die Szene im Vorbeigehen beobachtet und murmelt: „Das hätte es zu unserer Zeit nicht gegeben."

4.8 Der Tag in einer Kindertageseinrichtung besteht aus fünf immer wiederkehrenden Phasen: Ruhephase (1), aktive Phase (2), freies Spiel (3), Gemeinschaftserleben (4), Rituale (5). Notieren Sie in Stichpunkten einen möglichen Tagesablauf und schreiben Sie die Ziffer der Phase(n) dahinter.

1 Bringzeit: Verabschieden der Eltern, Begrüßung durch päd. Fachkräfte, Orientieren in der Gruppe (5)

2

A Wissensvertiefende Aufgaben

4.9 Nicht nur unzureichende, sondern auch übermäßige Bedürfnisbefriedigung kann sich negativ auf die Entwicklung von Kindern auswirken. Vervollständigen Sie die Tabelle.

Verwöhnte Kinder erkennt man daran, dass ...	
Die Bezugsperson verwöhnt, weil sie ...	
Verwöhnung hat zur Konsequenz, dass ...	
Pädagogische Fachkräfte sollten verwöhnte Kinder ...	

4.10 In der Betreuung von Kindern unter drei Jahren nehmen die pflegerischen Tätigkeiten einen großen Raum im Alltag ein. Lesen Sie den Text und notieren Sie in jeweils einem Satz, welches Verhalten die Kinderpflegerin in den markierten Situationen zeigt.

Die Kinderpflegerin Dilek Özgedür beobachtet Leonie (1;4), die konzentriert am Bautisch steht und augenscheinlich ihr großes Geschäft in die Windel setzt. Als sich Leonie wieder mit den Autos beschäftigt, geht sie zu ihr und sagt in freundlichem Ton: „Leonie, wir beide gehen gleich mal in den Wickelraum. Du möchtest sicher eine frische Windel haben". Leonie lächelt sie zurückhaltend an. Dilek Özgedür reicht ihr einladend die Hand: „Sollen wir jetzt gehen?" Leonie nimmt bereitwillig die Hand und gemeinsam gehen sie in den Wickelraum. Dilek Özgedür fragt Leonie: „Was brauchen wir denn? Eine Windel, die Feuchttücher, die Creme. Magst du mir tragen helfen, Leonie?" Als alles auf dem Wickeltisch bereitsteht, lässt die Kinderpflegerin Leonie unter ihrer Aufsicht auf den Wickeltisch klettern. Dilek Özgedür beginnt erst mit der Pflege, als sie bemerkt, dass das Kind bereit dazu ist. Während der gesamten Zeit sieht sie Leonie ins Gesicht und beschreibt ihr, was sie tut. Dabei achtet sie auf den Gesichtsausdruck des Kindes und darauf, wie es auf sensible und unangenehme Berührungen reagiert. Wenn Leonie lächelt, lächelt auch Dilek. Gerne beendet Dilek Özgedür die Situation mit einem Wickelreim oder einem Lied.

- Sie kündigt dem Kind die Situation an.
-
-
-
-
-
-

4.11 Erklären Sie den Begriff „Transition".

56 A Wissensvertiefende Aufgaben

4.12 Welche Entwicklungsübergänge sind hier dargestellt?

1 _____

2 _____

3 _____

4 _____

5 _____

4.13 Beschreiben Sie, welche Risiken mit Übergängen verbunden sind. Wann ist das Risiko besonders groß?

4.14 Welche Arten von Übergängen gibt es? Notieren Sie die Begriffe.

1. _____ Übergänge betreffen nur die jeweilige Person.

2. _____ Übergänge werden z. B. durch Institutionen oder gesetzliche Rahmenbedingungen bestimmt.

3. _____ Übergänge betreffen fast alle Kinder.

4. _____ Übergänge betreffen nur einige Kinder.

4.15 Auf welchen drei Ebenen finden Übergänge statt?

1. _____

2. _____

3. _____

4.16 Welche Anforderungen stellen Übergänge an pädagogische Fachkräfte? Nennen Sie zwei Aufgaben und geben Sie Beispiele an.

A Wissensvertiefende Aufgaben

4.17 Sprache ermöglicht einem Kind, sich seine Welt zu erschließen. Notieren Sie welche vier Aufgaben Sprache dabei hat.

1 _____

2 _____

3 _____

4 _____

4.18 Die Sprachentwicklung ist nicht isoliert zu betrachten, sondern hängt mit anderen Bereichen zusammen. Ergänzen Sie die fehlenden Begriffe im Sprachbaum nach Wendlandt.

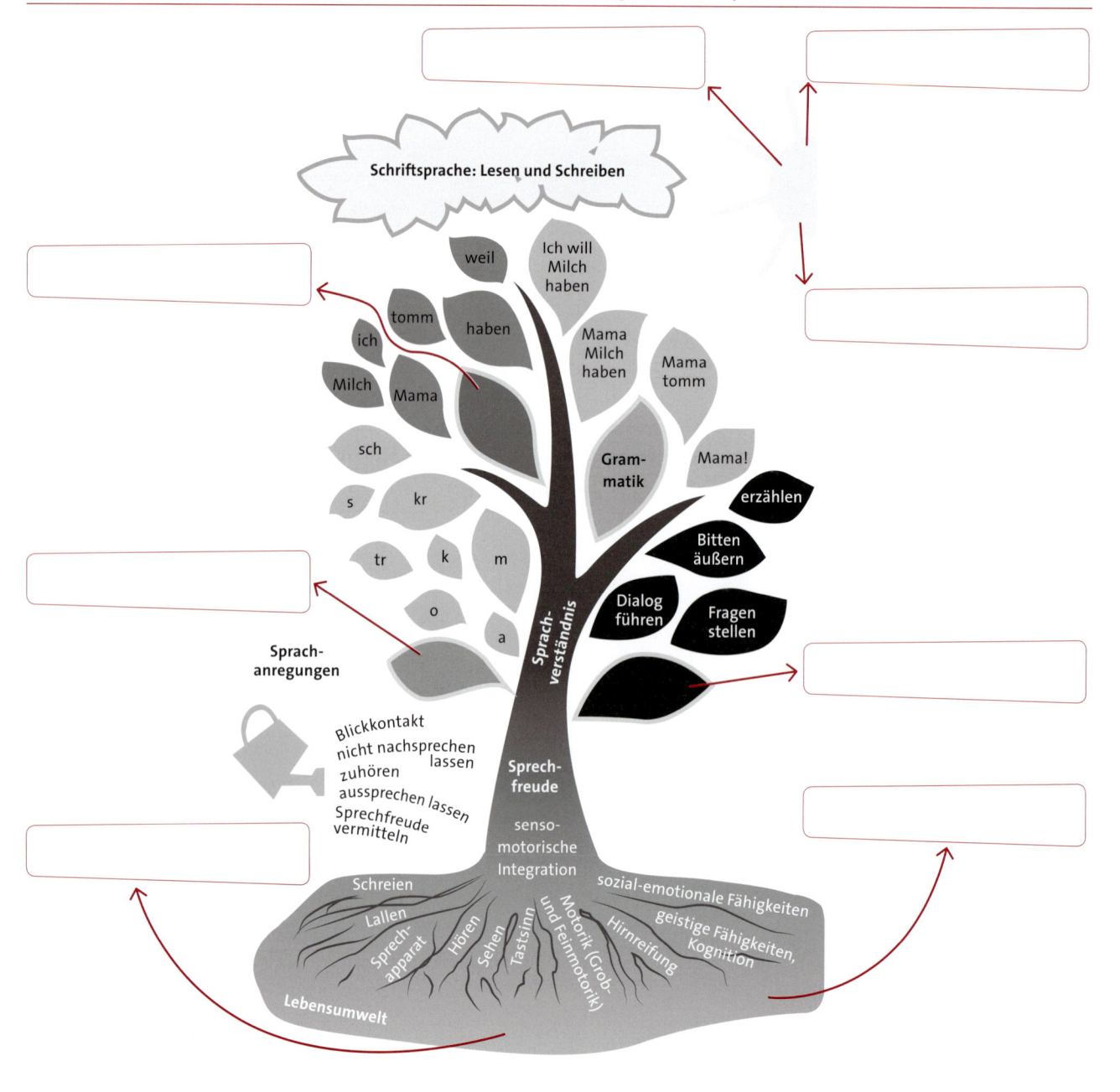

4.19 Verbinden Sie die vier Sprachebenen, auf denen Kinder sich Sprache aneignen, mit den hierzu passenden Begriffen.

- phonetische und phonologische Ebene
- semantische Ebene
- syntaktische und morphologische Ebene
- pragmatisch-kommunikative Ebene

- Grammatikregeln
- Körpersprache
- Wortschatz
- Sprechbewegungen
- Gefühlslagen ausdrücken
- Betonungsmuster

4.20 Welche Aussagen zur Sprachpyramide nach Wendlandt sind richtig und welche falsch?

		richtig	falsch
1	Mit ca. zwei Jahren haben Kinder einen Wortschatz von bis zu 50 Wörtern.		
2	Mit ca. vier Jahren befinden sich Kinder im zweiten Fragealter. Dabei verwenden sie Fragewörter (warum, wie, was).		
3	Mit ca. fünf Jahren können Kinder alle Laute korrekt bilden.		
4	Mit ca. drei Jahren beginnen Kinder damit, Nebensätze zu bilden.		
5	Mit ca. vier Jahren verwenden Kinder Farben und Füllwörter.		

A Wissensvertiefende Aufgaben

4.21 Beurteilen Sie das Verhalten von Frau Öger im folgenden Beispiel in Bezug auf den Spracherwerb ihrer Tochter.

> Frau Öger läuft beim Abholen ihrer Tochter Merve (3;2) im Eingangsbereich der Sternengruppe suchend hin und her. Frau Öger: „Regenjacke nerede, Merve?" Merve: „Bilmiyorum, Mama. Hab nicht gesehen." Frau Öger: „Nicht gesehen? Tamam, lass suchen, haydi."

4.22 Pädagogische Fachkräfte sollten bei ihrem eigenen Sprechverhalten sieben Prinzipien beachten. Beschreiben Sie diese Prinzipien in Stichpunkten.

Prinzipien zum Sprechverhalten	Beschreibung
Sprachniveau	
Echtes Interesse	
Ruhe und Geduld	
Sprechtempo	
Modellverhalten	
Bewusster Stimmeinsatz	
Prinzip der Freiwilligkeit	

4.23 Lesen Sie die Beispiele und geben Sie an, welche Gesprächstechniken in den jeweiligen Situationen angewendet wurden.

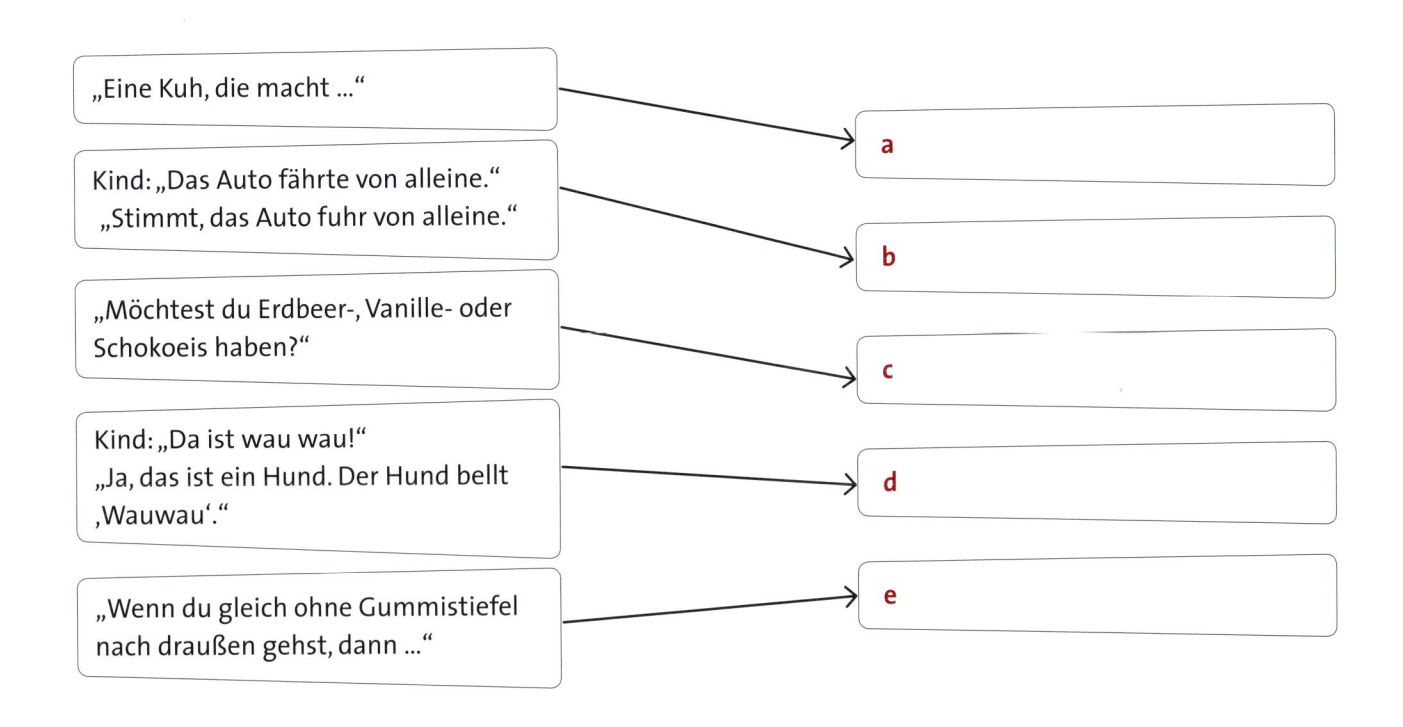

„Eine Kuh, die macht …" → a

Kind: „Das Auto fährte von alleine."
„Stimmt, das Auto fuhr von alleine." → b

„Möchtest du Erdbeer-, Vanille- oder Schokoeis haben?" → c

Kind: „Da ist wau wau!"
„Ja, das ist ein Hund. Der Hund bellt ‚Wauwau'." → d

„Wenn du gleich ohne Gummistiefel nach draußen gehst, dann …" → e

---

4.24 Sehen Sie sich die die Zeichnung an. Was könnte die Kollegin antworten? Begründen Sie die Aussage.

Also gegen 11:15 Uhr möchte ich gerne mit der heutigen Sprachförderung starten …

A Wissensvertiefende Aufgaben

4.25 Nennen Sie je ein Spiel, mit dem gezielt die Artikulation, der Wortschatz, die Grammatik und die Kommunikationsfähigkeit gefördert werden kann, und erklären Sie dieses kurz.

Artikulation:

Wortschatz:

Grammatik:

Kommunikationsfähigkeit:

4.26 Geben Sie fünf Aktivitäten an, mit denen das Konzept der Literacy-Erziehung in der täglichen Arbeit umgesetzt werden kann.

1
2
3
4
5

4 Grundlagen der Praxisgestaltung

4.27 Welche charakteristischen Merkmale von Spielhandlungen treffen zu?

1	Beim Spielen gibt es keine Regeln.	
2	Spielen erfolgt aus eigenem Antrieb.	
3	Spielen verfolgt immer ein bestimmtes Ziel.	
4	Der Spielende lässt sich im Spiel von seinen Gefühlen leiten.	
5	Spieltätigkeiten sind durch häufige Wiederholungen geprägt.	

4.28 Sehen Sie sich das Bild an und erklären Sie, welchen „Sinn" Spielen hat.

Jens will den ganzen Tag immer nur spielen, statt mal was Sinnvolles zu machen ...

A   Wissensvertiefende Aufgaben

4.29 Welche Spielformen sind hier erklärt? Ergänzen Sie die Bezeichnungen.

a Das _____ entwickelt sich im zweiten Lebensjahr aus dem Bedürfnis, etwas zu erschaffen und herzustellen.

b Beim _____ gibt das Kind Gegenständen eine andere Funktion und ahmt Handlungen nach, die es in seiner Umwelt erlebt.

c Beim _____ ahmt das Kind andere Menschen nach und vollzieht Handlungen, die es als Kind selbst noch nicht ausüben kann.

d Das _____ entsteht aus einfachen Handlungen, die das Kind aus Freude an der Bewegung und den damit zufällig bewirkten Veränderungen mehrfach wiederholt.

e Beim _____ ist es wichtig, bestimmte Abfolgen des Spiels einzuhalten und die Spielregeln zu beachten.

f Beim _____ erprobt und erkundet das Kind seine Umwelt.

4.30 Wie und warum haben sich die Spielbedingungen für Kinder in den letzten Jahrzehnten verändert?

4.31 Eine wichtige Aufgabe von pädagogischen Fachkräften ist es, das kindliche Spiel zu beobachten. Welche Ziele können hiermit verfolgt werden?
Vervollständigen Sie die Grafik.

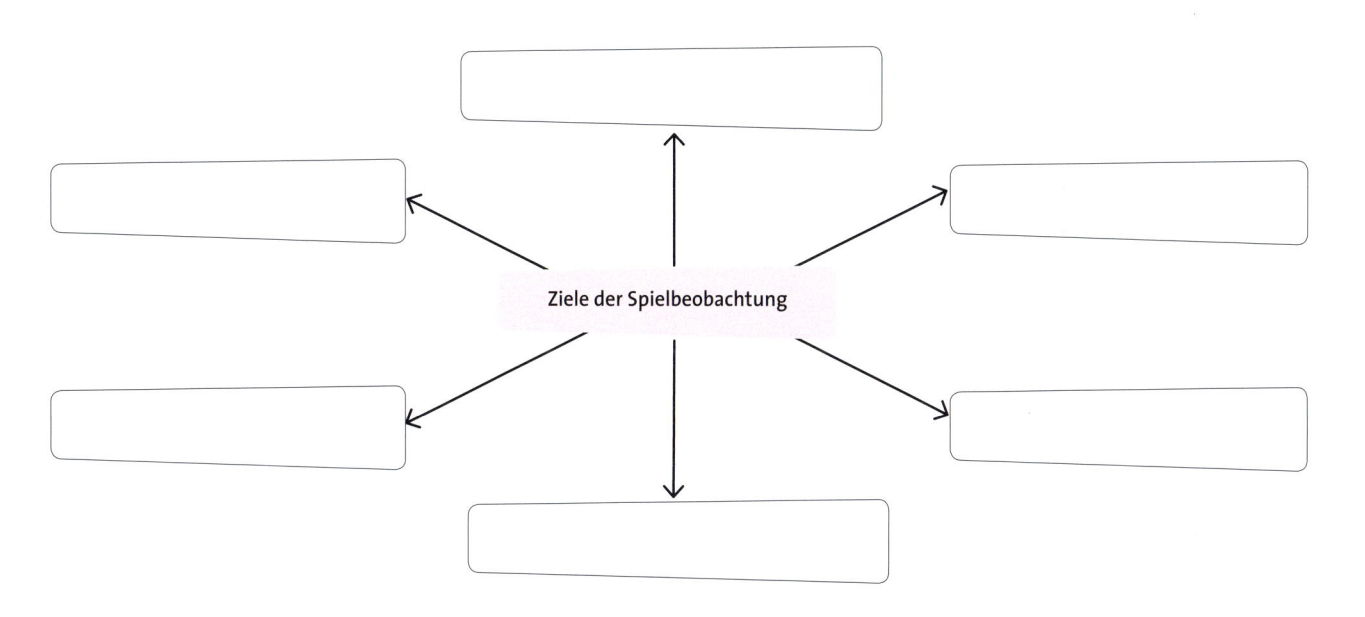

```
┌─────────────┐
│             │
└─────────────┘
        ↑
┌─────────┐       ┌─────────┐
│         │ ←     → │         │
└─────────┘       └─────────┘
       [Ziele der Spielbeobachtung]
┌─────────┐       ┌─────────┐
│         │ ←     → │         │
└─────────┘       └─────────┘
        ↓
┌─────────────┐
│             │
└─────────────┘
```

4.32 Nennen Sie mindestens vier Eigenschaften, die Spielzeug aus pädagogischer Sicht haben sollte.

_____
_____
_____
_____

4.33 Finja, Mark und Ayla spielen gemeinsam im Sandkasten. Geben Sie Beispiele für direkte und indirekte Impulse einer Kinderpflegekraft in dieser Situation.

Direkte Impulse	Indirekte Impulse

A Wissensvertiefende Aufgaben

4.34 Negative Kommunikation kann Kinder verunsichern oder demotivieren. Formulieren Sie die negativen in positive Handlungsanweisungen um.

a „Pass auf, dass du nicht hinunterfällst!"

b „Im Gruppenraum sollt ihr nicht rennen."

c „Du sollst doch nicht so viel Klebstoff benutzen."

d „Hör auf, beim Zähneputzen durch den Waschraum zu laufen."

e „Du sollst doch nicht immer mit den Fingern essen."

4.35 Regeln sind für das Zusammenleben in der Gruppe unerlässlich. Wann unterstützen und wann hemmen Regeln das Freispiel der Kinder?

Regeln wirken unterstützend auf das Freispiel, wenn sie ...	Regeln wirken hemmend auf das Freispiel, wenn sie ...
▪	▪
▪	▪
▪	▪
▪	▪
▪	▪
▪	▪
▪	▪
▪	▪

4.36 Welche vier Arten von Medien gibt es?
Tragen Sie diese in die Grafik ein und nennen Sie je zwei Beispiele.

```
┌─────────────┐
│             │
│             │
└──────┬──────┘
       │
┌──────┴──────┐
│  Medienarten │
└──────┬──────┘
       │
┌──────┴──────┐
│             │
│             │
└─────────────┘
```

4.37 Die Nutzung moderner Medien ist mit Chancen und Gefahren für Kinder und Jugendliche verbunden. Geben Sie mindestens vier positive und vier negative Aspekte der Mediennutzung an.

Chancen moderner Medien:

Gefahren moderner Medien:

A Wissensvertiefende Aufgaben

4.38 Rituale wie regelmäßig stattfindende Feste, Veranstaltungen oder Feiertage haben verschiedene Funktionen. Bringen Sie die durcheinandergeratenen Buchstaben in die richtige Reihenfolge.

Rituale …

- sind n e n d G l a r u g _____ für Tages-, Wochen- oder Jahresabläufe.

- geben Menschen eine t u n i e O g i n e r r _____ .

- bieten h i e r S e i c h t _____ und Verlässlichkeit.

- vermitteln e l g R e n _____ und t e r W e _____ .

- fördern die Gemeinschaft und das u g t s e h f ü Z ö k e i r i g g e h l _____ .

- schaffen Freiräume und V a u r e n t e r _____ .

- helfen in r e i K s n _____ .

- Rituale erleichtern s e i c h t E n d u n g e n _____ .

4.39 Welche typischen Feste und Feierlichkeiten prägen die deutsche Kultur? Tragen Sie die Feste, wenn möglich mit Datum, in den Jahreskreis ein.

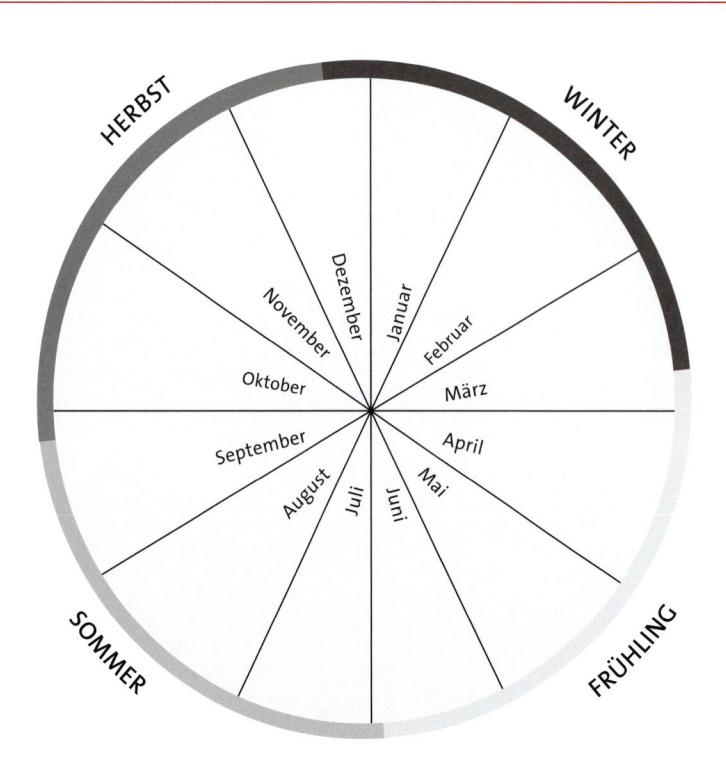

4.40 Nennen und erläutern Sie je eine jahreszeitliche Aktivität, die Sie in einer Kindertageseinrichtung durchführen können.

Frühling:

Sommer:

Herbst:

Winter:

A Wissensvertiefende Aufgaben

4.41 Die Gestaltung von Bildungsangeboten erfordert eine gute Planung. Welche sieben Fragen sollten Sie sich im Vorfeld stellen?

Angebotsplanung

4.42 Der vierjährige Julius fragt Kinderpflegerin Hanna beim Frühstück: „Kannst du mir das Apfel schneiden?" Wie reagiert Kinderpflegerin Hanna am besten in dieser Situation? Mit welchem Bildungsangebot könnte sie Julius unterstützen?

4.43 Erklären Sie, was eine Klanggeschichte ist und wie diese als Bildungsangebot durchgeführt wird.

A Wissensvertiefende Aufgaben

4.44 Überlegen Sie sich drei Situationen, die einen Anlass bieten, Bildungsangebote zum Thema Religion und Werteerziehung zu gestalten.

a

b

c

4.45 Körperliche Bewegung hat einen positiven Einfluss auf die kindliche Entwicklung. Was mit Bewegungsangeboten gezielt gefördert werden kann, erfahren Sie, wenn Sie die Silben richtig zusammensetzen.

HIRN • ZIAL • LUNG • VER • HEIT • SICHT • EN • VEN • SAM • TION • SO • SELBST • VER • RANZ • GE • HAL • SELBST • ENT • TEN • RÜCK • SUND • NAH • ME • TO • LE • RE • GEL • EIN • HAL • PRÄ • TUNG • WIRK • WICK • KEIT • GE • SUND • TRAU

-
-
-
-
-
-
-

4.46 Gebrauchte Materialien in Bildungsangeboten zu verwenden, fördert das Umweltbewusstsein von Kindern. Welche Materialien lassen sich in den genannten Spielsituationen nachnutzen?

a Die Kinder der Sternengruppe verbringen bei 30 °C die meiste Zeit im Kitagarten. Heute wurde wegen der Hitze ein Planschbecken auf die Wiese gestellt. Cedrik (5;6) kommt auf die Kinderpflegerin Nadine Gonzalez zu und fragt sie nach Wasserpistolen, weil sie gerne eine Wasserschlacht machen wollen. Was könnte sie ihnen stattdessen geben?

b Kinderpflegerin Christina Wegner plant ein Wahrnehmungsangebot für die unter dreijährigen Kinder der Igelgruppe. Was könnte sie hierfür verwenden?

c Der neue Praktikant in der Marienkäfergruppe möchte mit den Kindern für eine Zirkusaufführung Spielmaterial selbst herstellen. Was könnte er hierfür nutzen?

4.47 Welche Ausdrucksformen sind bei Bildungsangeboten zum Thema Kunst zusammengefasst?

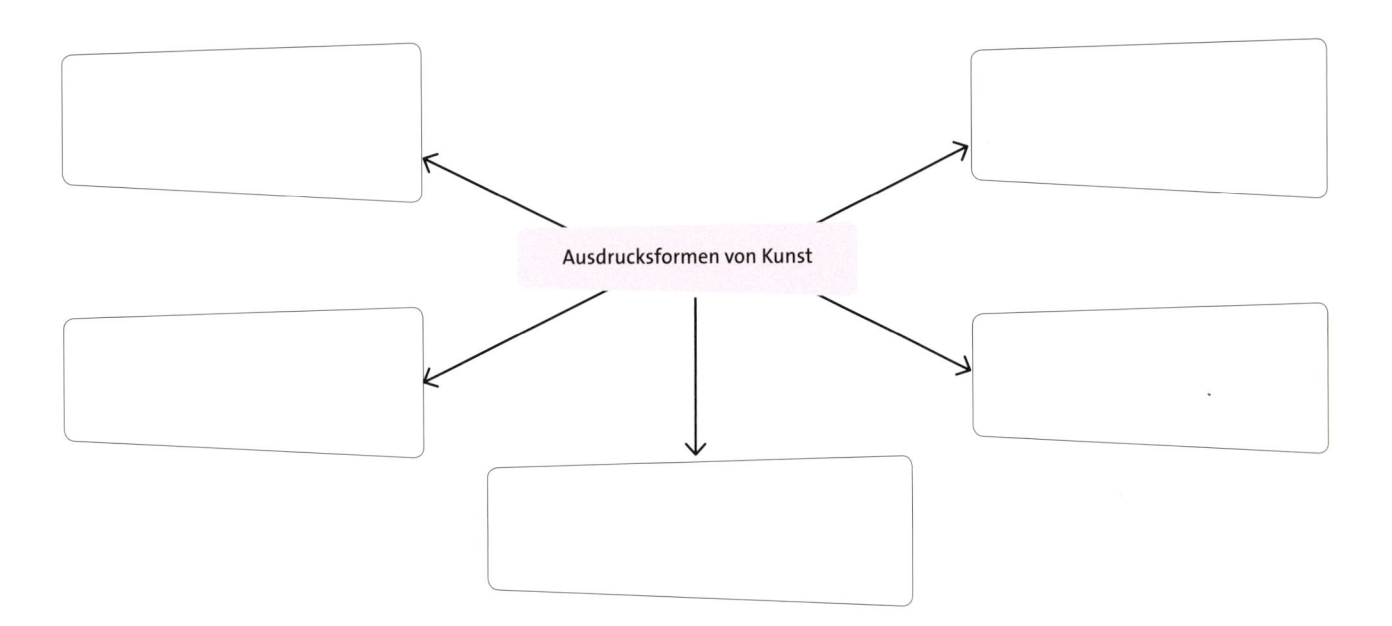

Ausdrucksformen von Kunst

A Wissensvertiefende Aufgaben

4.48 Erläutern Sie den Versuchsaufbau für das nachfolgende Bildungsangebot aus dem Bereich Naturwissenschaft und Technik.

Ausgangsfrage	Können Eier schwimmen?
Material	
Versuchsverlauf	
Erläuterung/Deutung	

4.49 Lesen Sie die folgende Situation aus dem Bereich Verkehrserziehung. Was ist hier passiert und wie könnte die Kinderpflegerin darauf reagieren?

Lena hat am Wochenende ihren fünften Geburtstag gefeiert. Am darauffolgenden Montag kommt sie mit ihrem neuen Fahrrad in die Kita. Als sie mit Kinderpflegerin Jenna Smith kurze Zeit später in der Garderobe allein ist, zeigt sie ihr ihren Fahrradhelm und fragt nachdenklich: „Warum müssen eigentlich nur Kinder Helme tragen?"

5 Hauswirtschaft

5.1 Welche hauswirtschaftlichen Tätigkeiten können in sozialpädagogischen Einrichtungen anfallen? Vervollständigen Sie die Grafik.

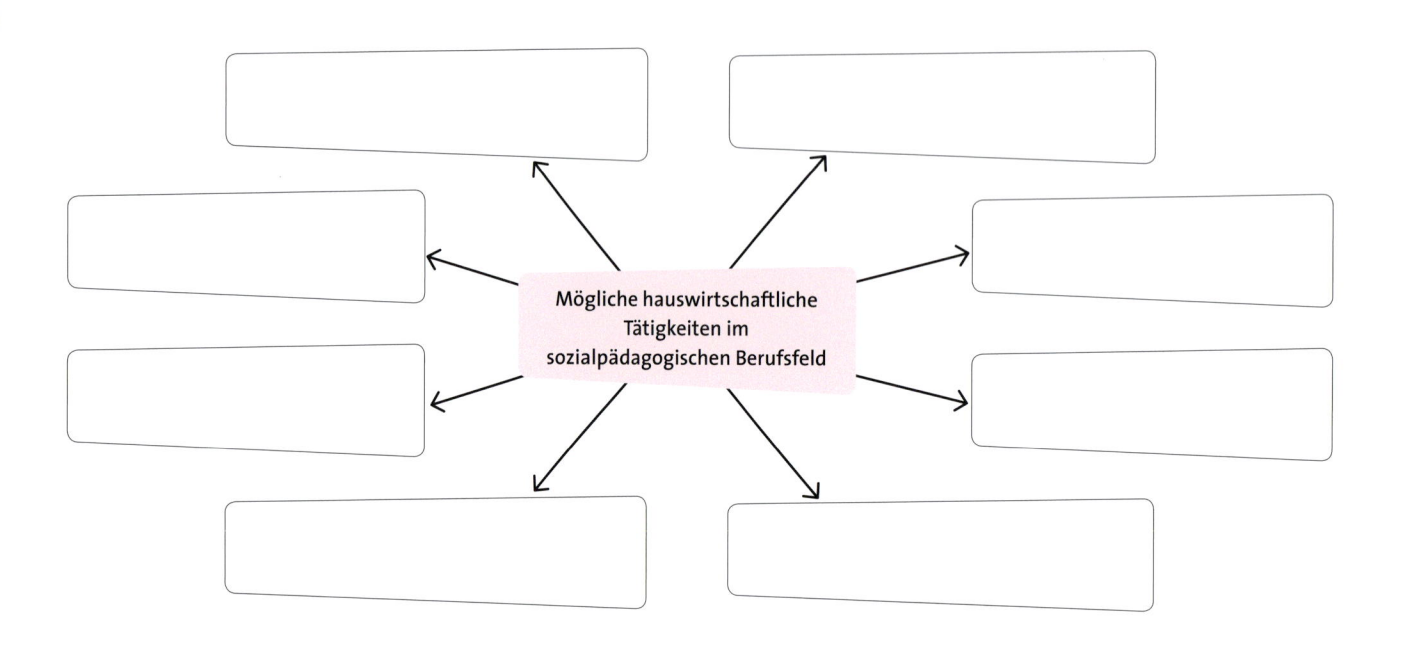

Mögliche hauswirtschaftliche Tätigkeiten im sozialpädagogischen Berufsfeld

5.2 Worin besteht der Unterschied zwischen dem hauswirtschaftlichen Arbeiten in einem Privathaushalt und in einer pädagogischen Einrichtung? Beschreiben Sie anhand des folgenden Praxisbeispiels, worauf pädagogische Fachkräfte bei hauswirtschaftlichen Tätigkeiten achten müssen.

Maria arbeitet als Kinderpflegerin in einer Kindertagesstätte. Als die Kinder beim Malen mit Farbe den Farbtopf auf den Boden werfen, greift Maria spontan zum Wischeimer, in dem sich das Spültuch für das Abwischen der Tische befindet, und reinigt damit den Boden. Einige Tage später rennt Moritz aus Marias Gruppe mit seinen schlammigen Schuhen durch die Garderobe. Als er sein Missgeschick bemerkt, holt er schnell den Wischeimer für die Tische und wischt mit dem Spültuch den Schlamm weg.

5.3 Welche Aussagen zu einer gesunden Ernährung sind richtig? Kreuzen Sie an.

1	Da der menschliche Körper kein Fett benötigt, sollte man möglichst auf fetthaltige Lebensmittel verzichten.
2	Der Mensch hat einen Flüssigkeitsbedarf von täglich 3 Litern.
3	Nimmt man sich beim Essen Zeit, fördert dies das Sättigungsgefühl.
4	Milchprodukte sollten täglich verzehrt werden, da sie Calcium enthalten.
5	Der Konsum von Salz sollte eine tägliche Menge von 6 Gramm nicht überschreiten.
6	Drei Portionen Obst pro Tag versorgen den Körper mit allen notwendigen Vitaminen und Mineralstoffen.

5.4 Erläutern Sie, welche Rolle Süßigkeiten und Knabbergebäck in der Ernährung spielen und wie viel davon täglich gegessen werden sollte.

5.5 Lebensmittel enthalten Nährstoffe und Nahrungsinhaltsstoffe, die für den menschlichen Körper teilweise lebensnotwendig sind. Vervollständigen Sie die Tabelle.

Nährstoffe	Funktion
	Brennstoffe haben die Aufgabe, den Körper mit Energie zu versorgen; weiterhin sind sie dafür zuständig, den Stoffwechsel und die Körpertemperatur aufrechtzuerhalten.
Eiweiße, Mineralstoffe, Wasser	
	Wirkstoffe bieten eine Schutzfunktion gegenüber Krankheiten; außerdem regulieren sie Körpervorgänge und werden für den Aufbau des Körpers benötigt.

Nahrungsinhaltsstoffe	Funktion
Sekundäre Pflanzenstoffe	

A Wissensvertiefende Aufgaben

5.6 Erklären Sie den Unterschied zwischen gesättigten und ungesättigten Fettsäuren. In welchen Lebensmitteln sind sie enthalten?

5.7 Eiweiße (Proteine) sind unentbehrlich für den menschlichen Körper und müssen mit der Nahrung aufgenommen werden. Welche Funktionen hat Eiweiß? Bringen Sie die Buchstaben in die richtige Reihenfolge.

- Es wird zum Aufbau von Y M E E N Z N _____ und Hormonen (z. B. Insulin) benötigt.

- Es ist an der E R N U L B U I N N G T G _____ beteiligt.

- Ohne Eiweiß kann kein S E N I E _____ gespeichert werden.

- Wenn kein Eiweiß im Körper vorhanden wäre, könnte man sich nicht bewegen oder die K E S M U L N _____ zusammenziehen.

- Da auch die Ö P E R T I A N K R _____ in unserem Körper aus Eiweiß bestehen, wäre man ohne es schutzlos Krankheiten ausgeliefert.

- Eiweiß ist wasserlöslich und dient als S P O R T M I T T R A N T E L _____ für Fett und Sauerstoff im Blut.

- Eiweiße verleihen z. B. Sehnen oder Muskeln ihre S T E I F E T I G K _____.

- Eiweiß kann zur U N G E I N E R G E G E N N W I _____ herangezogen werden.

5.8 Welche zehn lebenswichtigen Mineralstoffe verstecken sich im folgenden Rätsel? Markieren Sie die Begriffe.

S	M	L	L	O	T	D	H	E	U	K	S	P	R	L	E	P	T
R	A	A	T	T	F	L	U	O	R	I	D	T	N	R	R	H	W
U	G	T	Ä	D	Q	E	R	Z	T	J	O	E	J	E	K	O	E
I	N	A	T	R	I	U	M	T	E	S	P	I	Ü	T	H	S	R
K	E	R	D	X	E	G	E	J	O	D	G	E	J	H	E	P	T
N	S	A	N	O	Z	N	I	P	T	D	J	R	Q	P	A	H	S
N	I	F	I	Z	K	E	T	P	B	O	H	G	C	N	S	O	C
D	U	I	S	P	L	U	L	A	E	P	S	U	A	L	S	R	H
E	M	T	E	I	S	E	N	U	W	E	N	D	L	N	G	L	Ä
R	I	E	T	L	E	K	I	S	E	R	S	A	C	T	T	L	T
T	L	S	E	N	L	M	E	D	G	H	C	N	I	M	R	T	Z
L	K	O	W	D	E	U	R	E	K	A	L	I	U	M	E	I	U
Ä	Ö	T	Z	I	N	K	E	A	N	E	R	K	M	N	N	U	N
T	B	E	G	A	E	G	T	R	G	R	E	I	T	T	I	S	G

5.9 Nennen Sie je mindestens drei Lebensmittel, in denen die folgenden Vitamine vorkommen.

Vitamin C:

Vitamin A:

Vitamin D:

Vitamin B12:

A Wissensvertiefende Aufgaben

5.10 Womit können Sie in der Kindertagespflege dazu beitragen, dass Kinder ausreichend Flüssigkeit zu sich nehmen? Geben Sie drei Möglichkeiten an.

5.11 Die dreijährige Mette hat ein Gewicht von 14,5 kg und eine Größe von 96 cm. Errechnen Sie Mettes Body-Mass-Index (BMI). Beurteilen Sie den BMI anhand der Wachstumskurven.

BMI von Mette: _____ =

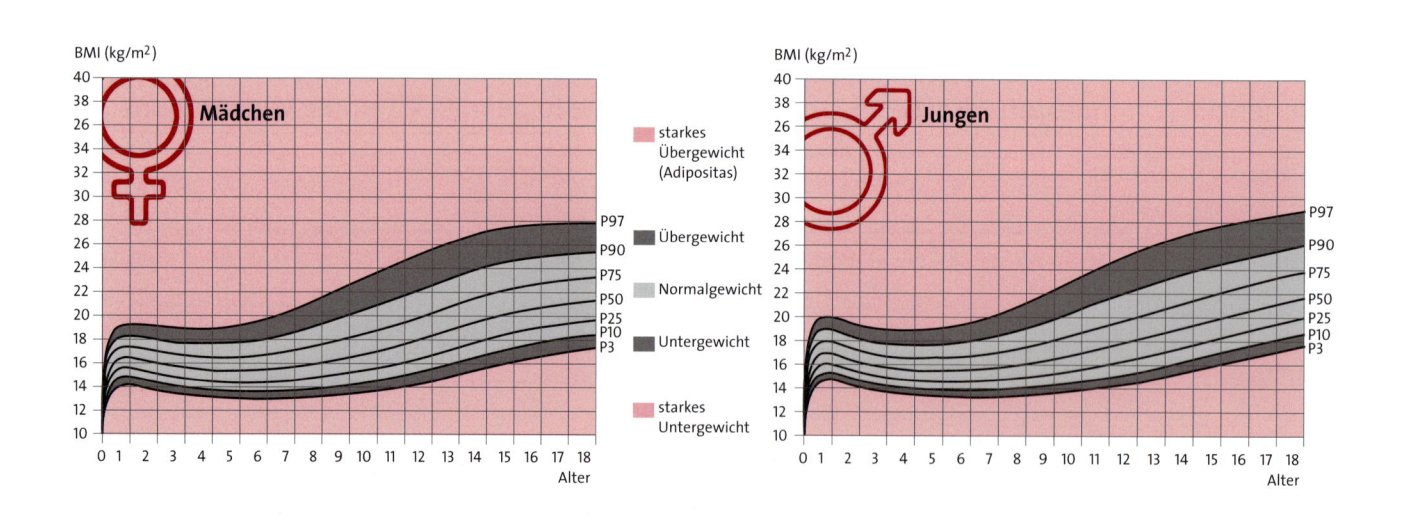

Beurteilung:

5.12 Was essen Menschen, die sich nach den drei Formen des Vegetarismus ernähren? Streichen Sie jeweils die falschen Lebensmittel durch.

Ovolaktovegetarier: Milch – Obst – ~~Fisch~~ – Eier – Gemüse – Nüsse – Honig – ~~Fleisch~~

Laktovegetarier: Milch – Obst – ~~Fisch~~ – ~~Eier~~ – Gemüse – Nüsse – Honig – ~~Fleisch~~

Veganer: ~~Milch~~ – Obst – ~~Fisch~~ – ~~Eier~~ – Gemüse – Nüsse – ~~Honig~~ – ~~Fleisch~~

5.13 Erklären Sie die nachfolgenden Begriffe.

Laktoseintoleranz:

Zöliakie:

Adipositas:

5.14 Welche besonderen Essgewohnheiten sind bei Muslimen zu beachten?

A Wissensvertiefende Aufgaben

5.15 Was sollten Sie beim Einkaufen mit Kindern beachten? Geben Sie mindestens fünf Empfehlungen.

5.16 Welche Angaben zum Bio-Siegel der EG-Öko-Basisverordnung sind richtig? Kreuzen Sie an.

1. Zur Herstellung eines Produkts darf keine Gentechnik verwendet werden.
2. Auf den Anbauflächen müssen immer die gleichen Lebensmittel angepflanzt werden.
3. In einem Produkt dürfen bis zu 5 % nicht ökologisch erzeugte Zutaten enthalten sein.
4. Chemische Schädlingsbekämpfungsmittel dürfen nicht verwendet werden.
5. Tiere dürfen keine Antibiotika erhalten haben.

a	2, 3 und 4 sind richtig.
b	1, 4 und 5 sind richtig.
c	1, 3, 4 und 5 sind richtig.
d	Alle sind richtig.

5.17 Ergänzen Sie in der Tabelle die Lagerdauer der jeweiligen Lebensmittel, und geben Sie an, wo Sie diese lagern sollten.

Lebensmittel	Lagerdauer	Lagerort
Hackfleisch		
Eier		
Milch (geöffnet)		
Zwiebeln		
Joghurt		
Mehl		
Marmelade (ungeöffnet)		
Brot		

5.18 Welcher Ort ist am besten zur Lagerung von Kartoffeln geeignet? Erklären Sie zudem, warum Sie die Keime und grünen Stellen von Kartoffeln nicht mitessen sollten.

A Wissensvertiefende Aufgaben

5.19 Verbinden Sie die küchentechnischen Fachbegriffe mit den dazu passenden Erklärungen.

Begriff	Erklärung
Abschrecken	Durch geringe Wärmezufuhr werden feste Lebensmittel (z. B. Butter) flüssig gemacht.
Zerlassen	Das Lebensmittel (z. B. Soße) wird so lange erhitzt, bis die gewünschte Menge an Flüssigkeit aus dem Topf verdampft ist.
Panieren	Das heiße und gegarte Lebensmittel (z. B. Nudeln) wird sofort nach dem Garprozess unter kaltem Wasser abgespült.
Reduzieren	Die Speise (z. B. Kuchenteig) wird vorsichtig mit einer luftgelockerten Masse (z. B. Eischnee) vermischt.
Unterheben	Das Lebensmittel (z. B. Fleisch) wird gewürzt, in Ei und dann in Paniermehl gewendet.

5.20 Sie möchten einen Obstsalat zubereiten. Welche Obstsorten sollten Sie in den angegebenen Monaten nicht verwenden? Streichen Sie diese durch.

Februar: Äpfel – Bananen – Erdbeeren – Clementinen – Pflaumen – Kiwis – Orangen

Juni: Aprikosen – Erdbeeren – Clementinen – Bananen – Kirschen – Brombeeren – Pfirsiche – Orangen

September: Äpfel – Birnen – Brombeeren – Kirschen – Kiwis – Pflaumen – Weintrauben – Clementinen

5.21 Lösen Sie das Kreuzworträtsel zu den verschiedenen Garverfahren.

1. Garen in der Pfanne mit Zugabe von Fett bei ca. 170°C
2. Garen durch Wasserdampf bei 100°C
3. Garen unter Zugabe von wenig Fett und Flüssigkeit bei 100°C
4. Garen in viel Fett schwimmend bei ca. 175°C
5. Garen mit viel Flüssigkeit bei ca. 95°C
6. Garen mit viel Flüssigkeit bei 100°C
7. Anbraten in wenig Fett bei ca. 180°C und anschließendes Garen bei 100°C

5.22 Geben Sie vier Möglichkeiten an, mit denen Sie während der Zubereitung Vitaminverluste bei Lebensmitteln verhindern können.

5.23 Beim Braten von Rindfleisch entsteht ein durchschnittlicher Verlust von 35 %. Sie haben für das Mittagessen 1,5 kg Fleisch eingekauft. Wie viel Fleisch bleibt davon nach dem Braten übrig?

5.24 Nennen Sie die fünf Schlüssel der Weltgesundheitsorganisation, die bei der Zubereitung von Nahrungsmitteln einzuhalten sind, und erklären Sie diese.

5.25 Wie ist der Begriff „first in – first out (Fifo)" im Zusammenhang mit Vorratsräumen oder Vorratsschränken zu verstehen?

5.26 Um in einem Privathaushalt Kinder betreuen zu dürfen, müssen die Räumlichkeiten bestimmten Anforderungen genügen. Nennen Sie mindestens vier notwendige Anforderungen, um eine Betriebserlaubnis zu bekommen.

5.27 Farben werden unterschiedliche Wirkungen und Eigenschaften zugeschrieben. Welche Farben wären für die nachfolgenden Räume geeignet? Erklären Sie, warum.

Schlafraum:

Kreativraum:

Speiseraum:

A Wissensvertiefende Aufgaben

5.28 Worin unterscheiden sich die Sicht-, Unterhalts- und Grundreinigung? Vervollständigen Sie die Tabelle.

Sichtreinigung	Unterhaltsreinigung	Grundreinigung

5.29 Sozialpädagogische Einrichtungen müssen einen Hygieneplan aufstellen und jährlich aktualisieren. Warum ist dies notwendig und was wird hierin festgehalten?

5.30 Was bedeuten die folgenden Pflegesymbole?

40° _____

△ _____

🔲 (Bügeleisen mit zwei Punkten) _____

Ⓟ _____

🔲 (Trockner mit zwei Punkten) _____

5.31 Mit welchen „Hausmitteln" können Sie Flecken auf Textilien behandeln?

Art des Flecks	Behandlung
Blut	
Butter, Öl, Make-up, Lippenstift	
Gras	
Harz	
Kaugummi	
Kerzenwachs	
Klebstoff	
Obst	
Rotwein	

5.32 Beim Nähen mit der Hand werden verschiedene Stiche verwendet. Wofür werden die folgenden Stiche genutzt?

a Steppstich: _____

b Schlingstich: _____

c Kreuzstich: _____

A Wissensvertiefende Aufgaben

5.33 Für welche Standorte in der Wohnung sind die angegebenen Pflanzen am geeignetsten? Ordnen Sie zu.

Pflanze	Standort
Orchidee	Flur
Basilikum	Schlafzimmer
Grünlilie	Bad
Gummibaum	Kinderzimmer
Kaktee	Küche

5.34 Welche der folgenden Pflanzen sind giftig? Kreuzen Sie an.

Pflanze		Pflanze	
Lavendel	☐	Brennnessel	☐
Narzisse	☐	Pfingstrose	☐
Spitzwegerich	☐	Ringelblume	☐
Flieder	☐	Schneeglöckchen	☐
Maiglöckchen	☐	Chrysantheme	☐

5.35 Welche Inhalte sollten immer auf einer Einladung zu einem Fest zu finden sein? Unter welchen Umständen sind weitere Angaben nötig?

5.36 Was muss beachtet werden, wenn bei einer Feierlichkeit Kerzen als Dekoration eingesetzt werden?

5.37 In Ihrer Kita soll ein Sommerfest stattfinden. Was muss in den einzelnen Umsetzungsschritten organisiert werden? Vervollständigen Sie die Tabelle.

1. Vorplanung	
2. Vorbereitung	
3. Durchführung	
4. Nachbereitung	

5.38 Für die Sicherheit im Alltag und in der Arbeitswelt gibt es sogenannte Sicherheitszeichen. Was bedeuten die folgenden Piktogramme? Geben Sie zudem jeweils an, ob es sich um ein Gefahren- (G), Rettungs- (R) oder Verbotszeichen (V) handelt.

a

b

c

d

5.39 Womit können Unfälle von Kindern in pädagogischen Einrichtungen verhütet werden? Geben Sie zu den folgenden Situationen je drei mögliche Maßnahmen an.

Unfälle beim Schlafen verhüten:

Unfälle beim Wickeln verhüten:

Unfälle auf dem Außengelände verhüten:

5.40 Um die Umgebung von Kindern sicherer zu machen, gibt es verschiedene Sicherheitsartikel.
Ergänzen Sie die unleserlichen Buchstaben auf dem Einkaufszettel.

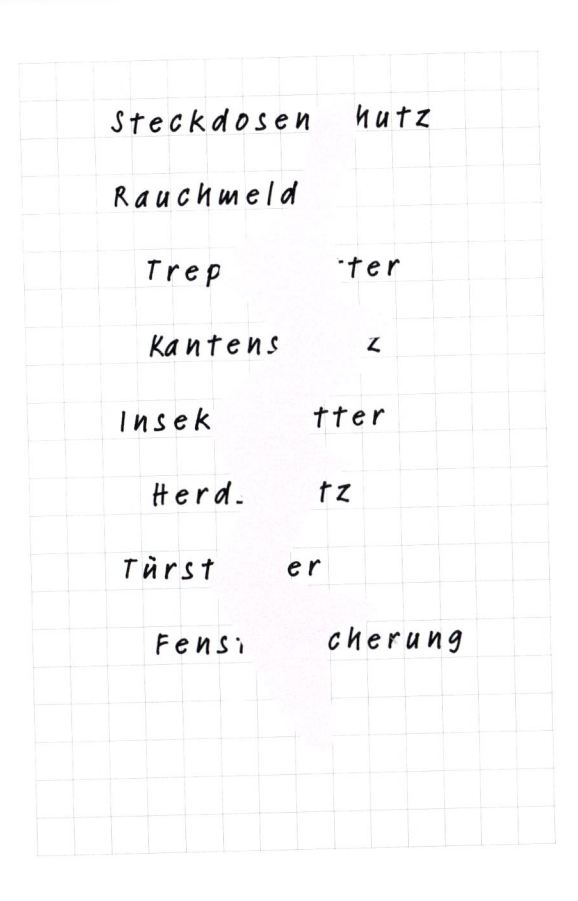

```
Steckdosen  hutz
Rauchmeld
Trep        ·ter
Kantens     z
Insek       tter
Herd.       tz
Türst       er
Fensi       cherung
```

5.41 Geben Sie mindestens vier Möglichkeiten an, wie Sie Strom und Wasser sparen können.

A Wissensvertiefende Aufgaben

5.42 Eine sorgfältige Mülltrennung hilft, Abfälle wiederzuverwenden. Sortieren Sie die unten stehenden Müllsorten Müll an die richtige Stelle in die Tabelle ein.

> Eierschalen • Babywindeln • Weinflasche • gebrauchte Schuhe • Zeitungen • Joghurtbecher
> Energiesparlampe • Matratze • gekochte Essensreste • Zahnpastatube • Marmeladenglas
> Asche • Altöl • Kaffeesatz • Pappkarton • Konservendose

Glascontainer	
Papiercontainer	
Gelbe Tonne (Grüner Punkt)	
Bioabfalltonne	
Restmülltonne	
Altkleidercontainer	
Sperrmüll	
Sondermüll	

5.43 Lesen Sie das Beispiel zur Umwelterziehung von Kindern. Erklären Sie, warum das widersprüchliche Verhalten der pädagogischen Fachkraft dennoch sinnvoll ist.

5.44 Skizzieren Sie die Umsetzung der ALPEN-Methode bei der Planung eines Tagesablaufs in der Tabelle.

A	
L	
P	
E	
N	

5.45 Erläutern Sie, wie Sie mithilfe der Eisenhower-Matrix (ABCD-Analyse) Aufgaben ordnen können.

6 Säuglingsbetreuung

6.1 Der Menstruationszyklus einer Frau hat eine Dauer von etwa 28 Tagen. Welche Phasen des Zyklus sind in den Bildern dargestellt? Beschreiben Sie, was dabei jeweils stattfindet.

a — 1. Tag
b — 5. Tag
c — 14. Tag
d — 21. Tag

a

b

c

d

6 Säuglingsbetreuung

6.2 Welche Zeichen deuten bei einer Frau auf eine mögliche Schwangerschaft hin? Tragen Sie diese an die richtige Stelle in der Tabelle ein.

Unsichere Schwangerschaftszeichen	Wahrscheinliche Schwangerschaftszeichen	Sichere Schwangerschaftszeichen

6.3 Welche Aussagen zur Entwicklung des Kindes im Mutterleib sind richtig? Kreuzen Sie an.

In der 17. bis 20. Schwangerschaftswoche (SSW) lassen sich die äußeren Geschlechtsorgane erkennen.	☐
Das Herz beginnt ca. in der 3. SSW zu schlagen.	☐
Etwa in der 21. bis 24. SSW beginnen die Kopfhaare zu wachsen.	☐
Ab der 23. SSW sind die Lungen so weit ausgebildet, dass der Fetus im Falle einer Frühgeburt überleben könnte.	☐
In der 25. bis 28. SSW öffnet der Fetus die Augen.	☐
Nach 38 bis 40 SSW ist der Fetus geburtsreif.	☐

6.4 Erklären Sie den Begriff „Bonding".

A Wissensvertiefende Aufgaben

6.5 Mithilfe des Apgar-Scores wird festgestellt, wie gut ein Neugeborenes die Umstellungen nach der Geburt meistert. Welche Kriterien werden dabei untersucht?

A = _____

P = _____

G = _____

A = _____

R = _____

6.6 Unter welchen Umständen ist in Deutschland ein Schwangerschaftsabbruch rechtlich erlaubt? Vervollständigen Sie den Lückentext.

In Deutschland gilt ein Schwangerschaftsabbruch grundsätzlich als _____,

allerdings ist er unter bestimmten Bedingungen _____.

- Die Schwangere muss an einer _____
  teilgenommen haben, was durch eine Bescheinigung nach § 219 Abs. 2 Satz 2 des Strafgesetzbuches (StGB) nachgewiesen werden muss.

- Die Schwangerschaft darf nicht länger als _____
  bestehen.

Wenn _____ _____ vorliegen, ist ein Schwangerschaftsabbruch auch noch bei fortgeschrittener Schwangerschaft möglich. Dazu gehören:

- Das _____ der Schwangeren ist gefährdet.

- Die Schwangerschaft führt zu einer schweren _____ der körperlichen oder seelischen Gesundheit der Schwangeren.

- Die Frau wurde durch _____ schwanger.

6.7 Welche Reifezeichen sind bei reif geborenen Neugeborenen sichtbar? Vervollständigen Sie die Tabelle.

Merkmale	Ausbildung bei reifen Neugeborenen
Ohrmuschelknorpel	
Finger- und Fußnägel	
Hand- und Fußsohlenfältelung	
Hautfarbe und Hautbeschaffenheit	
Brustwarze und Brustdrüse	
Käseschmiere	
Genitalbereich	
Flaumbehaarung (Lanugobehaarung)	

6.8 Aus welchem Grund sollten Neugeborene immer eine Mütze tragen?

A Wissensvertiefende Aufgaben

6.9 Ordnen Sie die Beschreibungen den typischen Hauterscheinungen bei Neugeborenen in den ersten Lebenstagen und -wochen zu.

Milien	gutartige Gefäßgeschwulst, die als erhabene rote Stelle zu erkennen ist
Hexenmilch	Absonderung der Brustdrüse bei männlichen oder weiblichen Neugeborenen
Storchenbiss	verdickte Hautschicht im Bereich der Lippen vor allem bei gestillten Neugeborenen
Blutschwämmchen	rote bis blaurote Flecken auf Stirn, Oberlid oder Nacken durch Gefäßerweiterung
Lippenpolster	kleine weiße Pünktchen im Nasen-Wangen-Bereich durch Talgstauung

6.10 Nennen Sie mindestens drei Reflexe von Neugeborenen und erläutern Sie diese.

6.11 Warum müssen Vorsorgeuntersuchungen bei Babys und Kindern zu vorgeschriebenen Zeitpunkten erfolgen?

6.12 Aufgrund der noch nicht vollständigen Funktion einiger Organsysteme werden Neugeborenen und Kindern bestimmte Vitamine und Spurenelemente prophylaktisch verabreicht. Welchen Sinn haben die genannten Prophylaxen und wann finden sie statt?

Prophylaxe	Erklärung
Vitamin-K-Prophylaxe	
Vitamin-D-Prohylaxe	
Fluoridprophylaxe	
Augenprophylaxe	

6.13 Nennen Sie mindestens sechs Krankheiten, die durch Impfungen verhindert werden können.

A Wissensvertiefende Aufgaben

6.14 Woran erkennen Sie die Bedürfnisse von Säuglingen? Vervollständigen Sie die Tabelle.

Bedürfnis	Anzeichen/Signale
Nahrung	
Schlaf	
Aufmerksamkeit, Abwechslung	
Ruhephasen, Geborgenheit	

6.15 Erklären Sie den Begriff „Deprivation".

6.16 Geben Sie jeweils mindestens drei Verhaltensweisen der Bezugspersonen an, die sich positiv oder negativ auf das Gefühl von Sicherheit bei Säuglingen auswirken.

Positive Verhaltensweisen:

Negative Verhaltensweisen:

6.17 Welche positiven und welche negativen Aspekte hat das Stillen für die Mutter und für das Kind? Füllen Sie die Tabelle aus.

	Positive Aspekte des Stillens	Negative Aspekte des Stillens
für den Säugling		

A Wissensvertiefende Aufgaben

	Positive Aspekte des Stillens	Negative Aspekte des Stillens
für die Mutter		

6.18 Was müssen Sie bei der Zubereitung von Säuglingsfertignahrung beachten?

_____

_____

_____

_____

_____

_____

_____

6.19 Erläutern Sie anhand der Grafik die Empfehlungen für die Einführung von Beikost im ersten Lebensjahr.

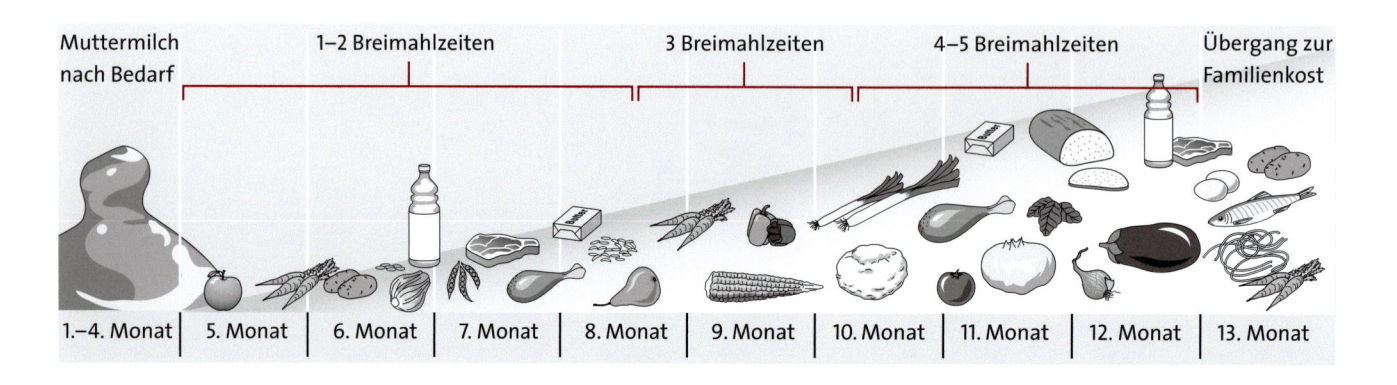

Muttermilch nach Bedarf	1–2 Breimahlzeiten	3 Breimahlzeiten	4–5 Breimahlzeiten	Übergang zur Familienkost
1.–4. Monat	5. Monat / 6. Monat / 7. Monat	8. Monat / 9. Monat / 10. Monat	11. Monat / 12. Monat	13. Monat

6.20 Vervollständigen Sie die Tabelle zu den „Fünf Säulen der Erziehung" von Sigrid Tschöpe-Scheffler.

Säulen der Erziehung	Erläuterung
	▪ sich dem Kind positiv zuwenden ▪ für Säuglinge ist die körperliche Zuwendung besonders wichtig
Achtung	
	das Kind als Partner in alle Prozesse einbeziehen
	dem Kind durch Regeln und Rituale Sicherheit vermitteln
Förderung	

A Wissensvertiefende Aufgaben

6.21 Bewegung (Motorik) ist ein wesentliches kindliches Bedürfnis.
Ergänzen Sie in der Grafik weitere Entwicklungen, die mit der Motorik verbunden sind.

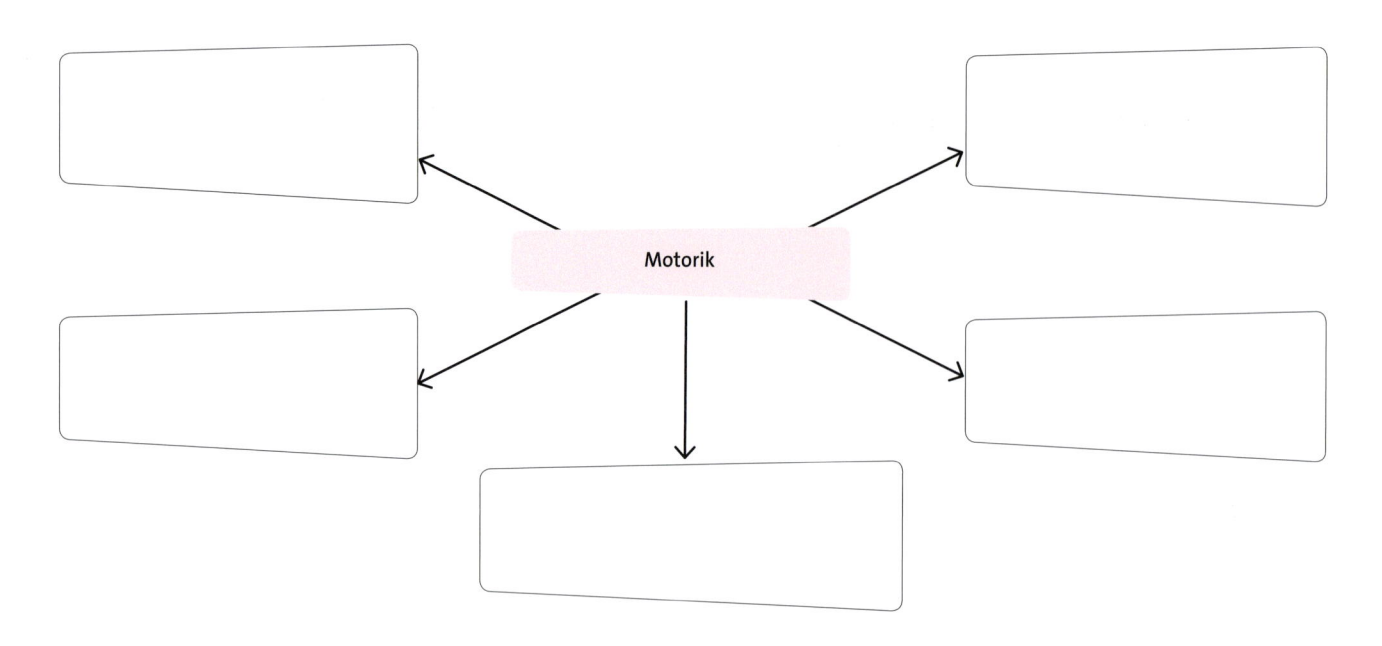

```
┌─────────┐                               ┌─────────┐
│         │ ←──────┐           ┌──────→ │         │
└─────────┘        │           │         └─────────┘
                   ┌───────────┐
                   │  Motorik  │
                   └───────────┘
┌─────────┐        │           │         ┌─────────┐
│         │ ←──────┘           └──────→ │         │
└─────────┘            │                  └─────────┘
                       ↓
                  ┌─────────┐
                  │         │
                  └─────────┘
```

6.22 Für das längere Tragen von Säuglingen können Tragetücher oder Babytragen verwendet werden.
Welche Vor- und welche Nachteile haben diese beiden Tragesysteme?

	Tragetuch	Babytrage
Vorteile		
Nachteile		

6.23 Erläutern Sie am folgenden Beispiel, warum zu frühes Hinsetzen von Säuglingen problematisch sein kann.

Lilly (6 Monate) wird von ihren Eltern zum Essen bereits in den Hochstuhl gesetzt. Es hat jedoch eher den Anschein, dass sie im Hochstuhl hängt. Damit sie besser sitzen kann, stützen ihre Eltern sie mit einem Kissen im Rücken.

6.24 Nennen Sie die drei Grundvoraussetzungen für die Entwicklung von Sprachverständnis und Sprechen.

-
-
-

6.25 Welche Aussagen zur Sauberkeitsentwicklung sind richtig?

1	Im Alter von 12 bis 14 Monaten entwickeln die meisten Kinder ein erstes bewusstes Gespür für ihren Harn- oder Stuhldrang.
2	Spätestens mit vier Jahren gelingt Kindern die kontrollierte Stuhlausscheidung.
3	Mit zwei bis drei Jahren können die meisten Kinder ihre Urinausscheidung willkürlich steuern.
4	Mit dem Sauberwerden ist für Kinder das Bestreben nach Autonomie verbunden.
5	Damit sich das Kind in der Übergangsphase auf der Toilette oder dem Töpfchen wohlfühlt, sollte es ein kleines Spielzeug mitnehmen dürfen.

A Wissensvertiefende Aufgaben

6.26 Die Entwicklung des Spielens ist eng verbunden mit der geistigen Entwicklung eines Kindes sowie mit seinen motorischen und sozialen Kompetenzen.
Geben Sie jeweils drei Spiele an, mit denen sich Kinder in den genannten Altersgruppen beschäftigen.

Säuglinge bis zu einem Jahr

Ein- bis Zweijährige

Zwei- bis Dreijährige

Drei- bis Vierjährige

6.27 Nennen Sie die Besonderheiten der Säuglings- und Kinderhaut und erklären Sie, was Sie deshalb bei der Pflege zu beachten haben.

1 _____

2 _____

3 _____

4 _____

6.28 Welche häufig auftretenden Hautveränderungen oder -krankheiten von Säuglingen und Kindern verstecken sich im Buchstabensalat?

SFILCHMOCHR: _____

ÄFUKOSEPL: _____

INRODERMEUTIS: _____

SOMUNORD: _____

ZANWER: _____

ILFPUßZ: _____

A   Wissensvertiefende Aufgaben

6.29 Warum ist die Zahnpflege auch bei Kindern besonders wichtig, obwohl die Zähne noch durch das bleibende Gebiss ersetzt werden?

6.30 Warum sollte bei Kindern unter 6 Jahren eine spezielle Kinderzahncreme verwendet werden?

6.31 Um die Verbreitung von Krankheitserregern einzudämmen, dürfen Kinder bei bestimmten Erkrankungen die Kindertagesstätte nicht besuchen.
Welche dieser Krankheiten verstecken sich im Silbenbandwurm?

> SERN • POC • KEUCH • SE • KOPF • SCHAR • MA • TEN • DURCH • WIND • FALL
> KEN • LÄU • LACH • BRECH • HUS

6.32 Lesen Sie die folgenden Beispiele.
Welches Alter könnten die betreffenden Kinder in etwa haben?

a	Mario weiß, dass er vom Baum herabstürzen kann, und überlegt sich vorher, ob er das Hinaufklettern wagen soll.	→
b	Als Sylvies Ball auf die Straße rollt, läuft sie einfach hinterher.	→
c	Donya legt eine Unterlage unter den Baum, damit ein eventueller Sturz abgemildert wird.	→
d	Lisbeth merkt erst oben auf dem Baum, dass sie auch hinunterfallen könnte.	→
e	Auf dem Nachhauseweg vergewissert sich Saleh, ob das Auto am Zebrastreifen wirklich anhält, ehe er die Straße überquert.	→
f	Tessa fragt erst, bevor sie den Hund streichelt.	→

6.33 Nennen Sie mindestens drei entwicklungsbedingte Risikofaktoren für Unfälle bei Kindern.

A Wissensvertiefende Aufgaben

6.34 Welche Maßnahmen sind bei einem Unfall zu treffen? Beschreiben Sie die Rettungskette.

6.35 Lesen Sie das folgende Praxisbeispiel. Worum handelt es sich hierbei und wie sollten Sie sich in dieser Situation verhalten?

Fabian, Theo und Max (alle 5 Jahre) spielen im Kindergarten Fangen. Sie sind so in ihr Spiel vertieft, dass sie trotz der Hitze vergessen, etwas zu trinken. Plötzlich bleibt Theo stehen und sagt zu Max, dass ihm schwindelig und übel sei. Kurz darauf sackt er in sich zusammen. Als Sie zu Theo eilen, fällt Ihnen auf, dass er blass ist und fröstelt. Zudem merken Sie bei der Vitalzeichenkontrolle, dass sein Puls schwach und schnell ist.

6.36 Beurteilen Sie, ob die folgenden Maßnahmen bei Unfällen richtig oder falsch sind.

		richtig	falsch
1	Bei Verbrühungen sollte eiskaltes Wasser 15–20 Minuten auf die verbrannte Stelle gerieselt werden.		
2	Brandblasen dürfen nicht geöffnet werden.		
3	Bei Vergiftungen sollte versucht werden, Erbrechen auszulösen, um die verschluckte Substanz aus dem Körper zu entfernen.		
4	Bei Verlegung der Atemwege kann der Heimlich-Handgriff durchgeführt werden.		
5	Bei schweren allergischen Reaktionen (z.B. Atemnot) muss sofort ein Notruf abgegeben werden.		

6.37 Nennen Sie je mindestens fünf Risikofaktoren für Kindesmisshandlung, die ihren Ursprung im familiären Umfeld oder beim Kind selbst haben.

Familiäres Umfeld	Kind

6.38 Was ist unter dem Begriff „frozen watchfullness" bei misshandelten Kindern zu verstehen?

7 Gesundheit und Ökologie

7.1 Ergänzen Sie die Definition von Gesundheit nach der WHO.

Gesundheit ist der _____ vollkommenen körperlichen, _____

und sozialen _____ und nicht allein die _____

von Krankheit und _____ .

7.2 Benennen Sie die vier Ebenen der Gesundheitsdeterminanten nach Dahlgren und Whitehead und ordnen Sie die Beispiele richtig zu.

1

2

3

4

- Berufswahl
- Frieden und Krieg
- Eltern
- Ernährung

- Bewegung
- Zugang zu medizinischer Versorgung
- Klima
- Kollegen

7.3 Erklären Sie, wie sich das Konzept der Salutogenese auf die pädagogische Arbeit in Kindertagesstätten übertragen lässt.

7.4 Definieren Sie den Begriff „Behinderung".

7.5 Ergänzen Sie im Diagramm zum ökologischen Fußabdruck die Bereiche des Alltags, in denen Menschen die Vorräte der Natur verbrauchen.

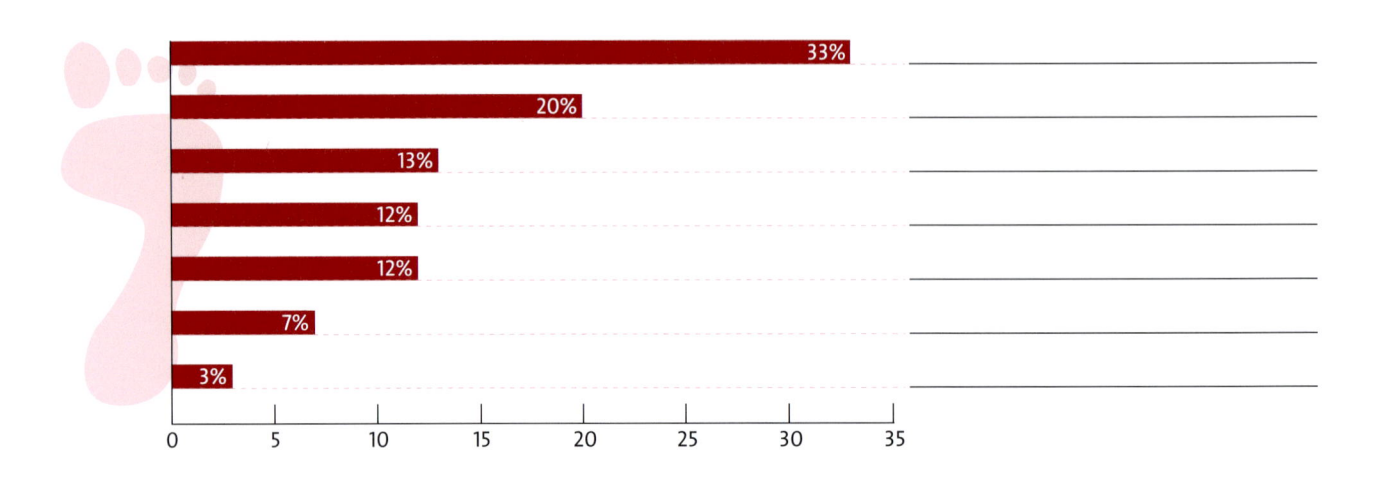

- 33% _____
- 20% _____
- 13% _____
- 12% _____
- 12% _____
- 7% _____
- 3% _____

7.6 Beschriften Sie die Stufen der Bedürfnispyramide nach Maslow und ordnen Sie die aufgelisteten Bedürfnisse der richtigen Stufe zu.

1
2
3
4
5

Nahrung		Bezugspersonen	
Erfolg		künstlerisch tätig sein	
Ziele erreichen		Schlaf	
Wohnung		Macht	
Gesetze		Zuneigung	

7.7 Lösen Sie das Kreuzworträtsel zu den Nährstoffen.

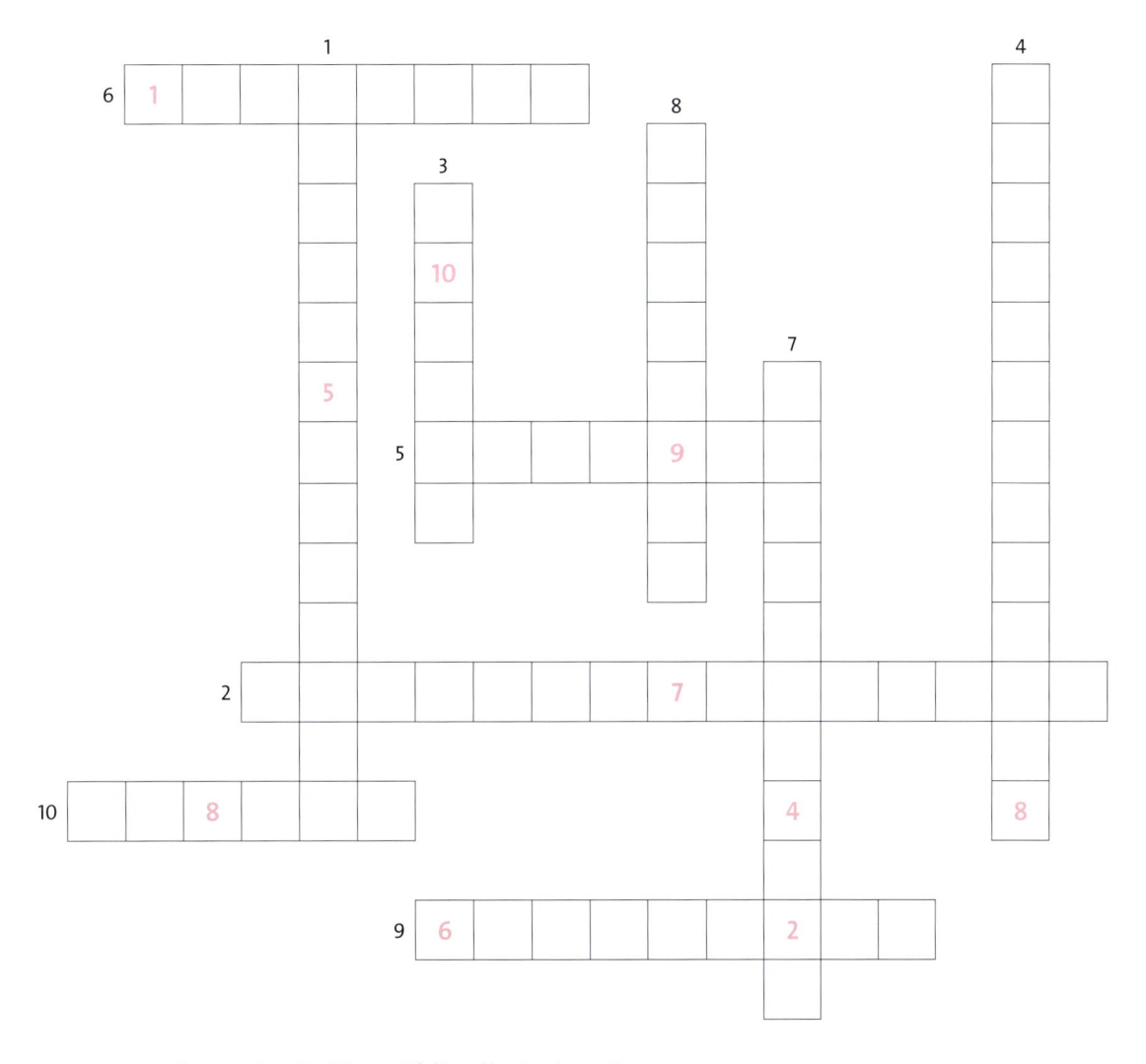

1. zusammenfassender Fachbegriff für alle Zuckerarten
2. mengenmäßig am meisten in unserer Nahrung vorkommende Nährstoffe
3. wichtiger Mehrfachzucker
4. unverdaubare Kohlenhydrate
5. Mineralstoff, der in Milchprodukten vorkommt
6. Speicherzucker im Körper
7. Bausteine der Eiweiße
8. wichtige Bausteine im Körper
9. Fett, das als Reserve im Körper eingelagert wird
10. Nährstoff im weiteren Sinne, aus dem der Mensch zu 70 % besteht

Lösungswort: _ _ _ _ _ _ _ _ _ _
             1 2 3 4 5 6 7 8 9 10

A Wissensvertiefende Aufgaben

7.9 Vervollständigen Sie die Merksätze zum Vergleich von Milch- und Dauergebiss.

Das kindliche _____ besteht aus _____ Zähnen, das

_____ des Erwachsenen aus _____ Zähnen. Ein Erwachsener hat

mehr _____, die Anzahl der restlichen Zahnarten ist _____.

Ein Milchzahn ist _____ und weniger _____ als ein bleibender Zahn.

7.9 Geben Sie an, welchen Schlafbedarf Kinder in unterschiedlichem Alter haben.

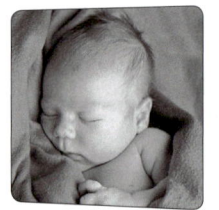

Neugeborene	1–12 Monate	1 Jahr	3–6 Jahre	7–12 Jahre	13–18 Jahre

---

7.10 Beschreiben Sie die Leistungskurve eines Kindes und vergleichen Sie die Kurve mit Ihren Erfahrungen aus der Praxis. Entwerfen Sie einen beispielhaften Tagesablauf in der Kita, der die tagesabhängige Leistung berücksichtigt.

Leistungskurve

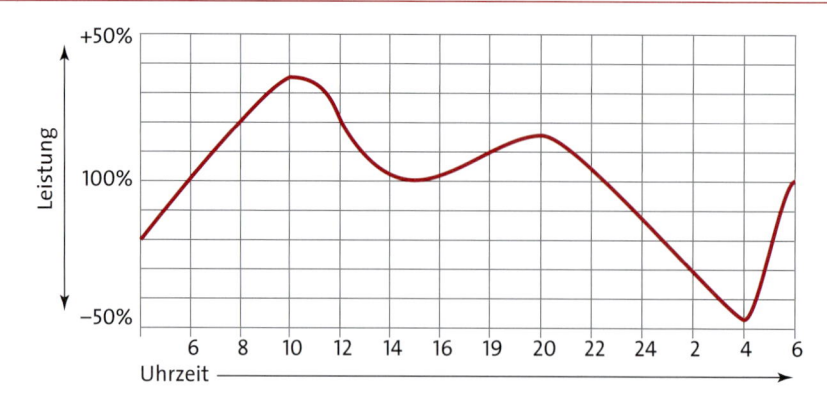

7.11 Listen Sie schlaffördernde Maßnahmen auf, indem Sie die Silben zu passenden Wörtern zusammensetzen.
Welche weiteren Maßnahmen fallen Ihnen ein?

> Schel • ge • Zim • le • ein • Ku • mer • tem • tur • Schlaf • heit • kel • schel • heit • ra
> Vor • sen • Lüf • Dun • tier • ten • A • pe • Ku • licht • bend • bet

7.12 Welche Aufgaben hat die Haut?

Sinnesorgan für — Aufgaben der Haut — Schutz vor

Temperaturregulation durch

A Wissensvertiefende Aufgaben

7.13 Kreuzen Sie an, in welchen der folgenden Situationen die Kinder ihre Hände waschen sollten. Begründen Sie Ihre Entscheidung.

a	Jonathan hat im Garten eine Katze gestreichelt.	
b	Lena will mit dem Malkasten malen.	
c	Die Kinder der Gruppe „Schneckenhaus" werden zum Essen gerufen.	
d	Bahira kommt gerade aus der Toilettentür.	
e	Hannah hat gerade in der Bücherecke ein Buch angesehen.	
f	Taio hat einen Schnupfen und musste sich gerade die Nase putzen.	

7.14 Beschreiben Sie die Messung der Körpertemperatur im Gehörgang.

7.15 Geben Sie an, welche Körpertemperatur bei Kindern normal ist und ab wann man von Fieber spricht.

normale Körpertemperatur: ☐

Fieber: ☐

7.16 Erarbeiten Sie in Stichpunkten Vor- und Nachteile der aktiven Immunisierung.

Vorteile	Nachteile

7.17 Vervollständigen Sie die Tabelle zu den positiven Aspekten von Bewegung mit den jeweils dazu passenden Folgen von Bewegungsmangel.

Positive Aspekte	Folgen von Bewegungsmangel
Stärkung der Muskulatur und des Skeletts	
Anregung des Stoffwechsels	
Aufbau eines starken Immunsystems	
Förderung des Wohlbefindens	
Ankurbelung der Gehirnfunktion	
Unterstützung der geistigen Entwicklung	
Voraussetzung für soziale Kontakte	

A Wissensvertiefende Aufgaben

7.18 Ordnen Sie die verschiedenen Körperstrukturen dem richtigen Teil des Bewegungsapparates zu.

Knochen

Muskeln

aktiver Bewegungsapparat

passiver Bewegungsapparat

Bänder

Sehnen

Gelenke

7.19 Erklären Sie den Begriff „Resilienz" und führen Sie zwei Beispiele an, wie Sie Kinder in der Kita beim Resilienzerwerb unterstützen können.

7.20 Definieren Sie die Begriffe „Arterien" und „Venen".

7.21 Führen Sie je ein mögliches Angebot in der Kita näher aus, bei dem Sie folgende Sinne ansprechen und deren Wahrnehmung fördern.

a Geschmackssinn:

b Tastsinn:

A Wissensvertiefende Aufgaben

7.22 Welche der Aussagen zur Blutzuckerkrankheit sind richtig? Kreuzen Sie an.

a Diabetes mellitus ist eine Stoffwechselerkrankung.

b Diabetes bekommen ausschließlich ältere Menschen.

c Wenig Bewegung steigert das Risiko, einen Diabetes zu entwickeln.

d Diabetiker müssen viel Zucker essen, um den Blutzuckerspiegel aufrechtzuerhalten.

e Diabetes ist eine ungefährliche Erkrankung, die meisten Menschen merken nicht einmal, dass sie betroffen sind.

Alle Antworten sind richtig.	
Die Antworten a und e sind richtig.	
Die Antworten a, c und e sind richtig.	
Die Antworten a und c sind richtig.	

7.23 Ordnen Sie zu, ob folgende Lebensmittel eher stopfend (S) oder abführend (A) wirken.

Trockenfrüchte			Apfelsaft	
Banane			geschälter Reis	
Sauerkraut			getrocknete Heidelbeeren	
Leinsamen				

7.24 Finden Sie sechs Kinderkrankheiten im Buchstabensalat. Markieren Sie anschließend, ob eine Impfung zur Vorbeugung möglich ist.

Impfung
ja   nein

AREMSN _____

SUMMP _____

EITERPHID _____

TUCHKEUSEHN _____

TÖRELN _____

LACHRASCH _____

7.25 Sind die folgenden Aussagen richtig oder falsch?
Verbessern Sie die falschen Aussagen.

		richtig	falsch
a	Ein Kind kann auch mit Fieber in der Kita bleiben, wenn die Eltern arbeiten müssen.		
b	Ein Kind mit Masern darf die Kita so lange nicht besuchen, bis ein Arzt bescheinigt, dass das Kind nicht mehr ansteckend ist.		
c	Der Umgang mit Infektionserkrankungen ist im Seuchengesetz festgelegt.		
d	Eltern sind dazu verpflichtet, jede eventuell ansteckende Erkrankung möglichst frühzeitig zu melden.		
e	Bei Fragen zum Umgang mit Infektionserkrankungen gibt der zuständige Bürgermeister Auskunft.		

7.26 Welche Hausmittel können bei den folgenden Krankheitssymptomen angewendet werden?

Husten: _____

Fieber: _____

Übelkeit: _____

A Wissensvertiefende Aufgaben

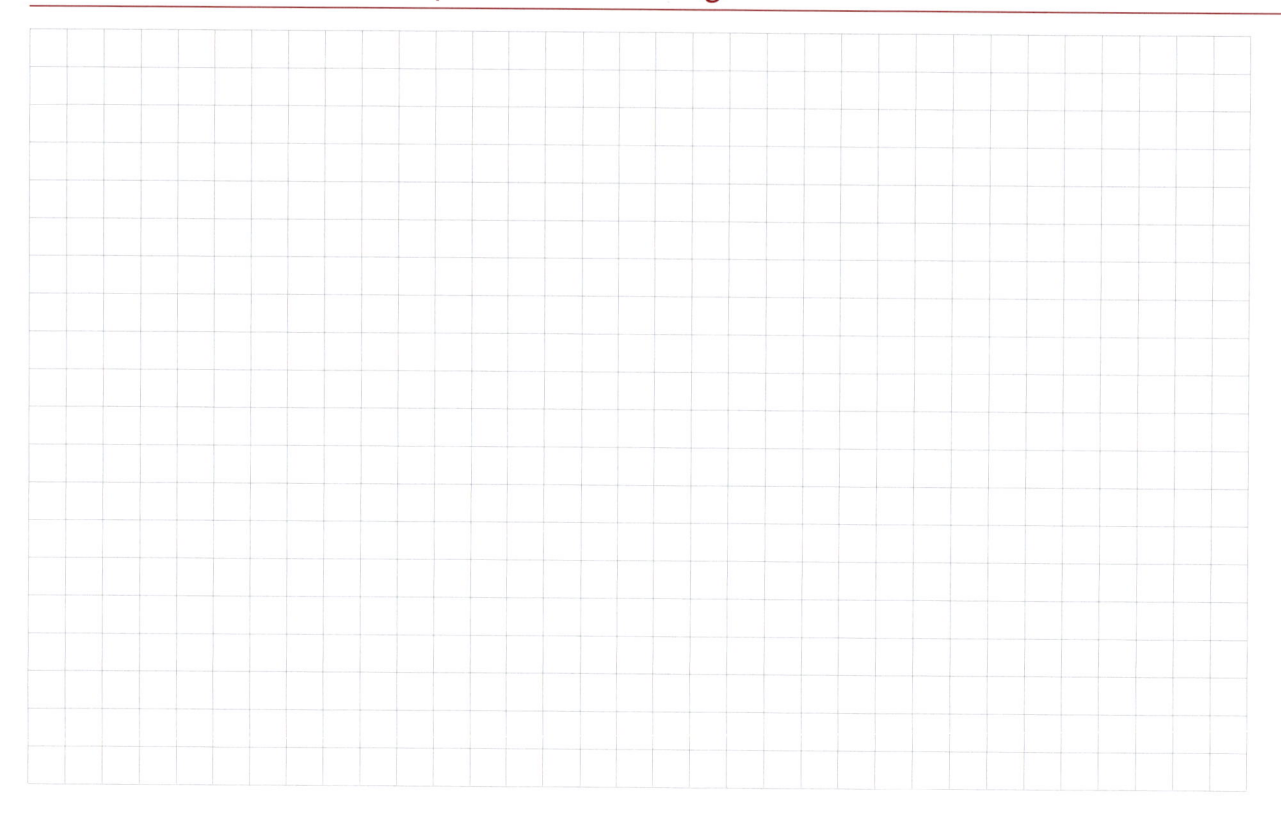

7.27 Erstellen Sie ein Mindmap zu den Auswirkungen von Stress.

7.28 Ergänzen Sie folgenden Lückentext, indem Sie die vorgegebenen Silben zu Wörtern zusammensetzen und an der richtigen Stelle einfügen.

beu • blut • herz • fall • fäß • fol • tig • schlag • wän • heit • wer • de • hoch
ge • gen • an • kind • vor • zu • gen • be • we • druck • gen • voll

Der _____ ist der Druck, mit dem das _____ das Blut gegen die _____ drückt. Ist der Blutdruck zu _____, kann das schwerwiegende _____ wie Herzinfarkt, _____ oder Nierenschäden haben. Bereits in der _____ kann man beginnen, einem zu hohen Blutdruck _____. Dazu sollten sich Kinder vor allem ausreichend _____ und _____ ernähren.

7.29 Was passiert in den Bronchien bei einem Asthmaanfall?

7.30 Ein Kind in Ihrer Kita hat einen Krampfanfall. Beschreiben Sie die Inhalte des Notrufs.

W

W

W

W

W

A Wissensvertiefende Aufgaben

7.31 Listen Sie fünf Regeln zum Sonnenschutz bei Kindern auf.

1.
2.
3.
4.
5.

7.32 Vervollständigen Sie die folgende Tabelle.

	Weitsichtigkeit	Kurzsichtigkeit
Beobachtungen, die auf die Fehlsichtigkeit hinweisen können		
Häufige Ursache		
Korrektur durch …		

B Handlungsorientierte Aufgaben

B Handlungsorientierte Aufgaben

1 Sprachbildung: Den kindlichen Spracherwerb verstehen und unterstützen

Situation 1: „Gespräch auf dem Bauteppich"

Sie arbeiten als Kinderpflegekraft in der Kita „Pusteblume". Nach den Sommerferien sollen sechs neue Kinder aufgenommen werden, drei davon weisen einen Migrationshintergrund auf. An den Besuchstagen kommen bereits regelmäßig vier der neuen Kinder: Timucin (2;10), Can (3;4), Murat (3;2) und Michelle (3;3). Für Sie gestaltet es sich von Beginn an schwieriger, mit den drei türkischstämmigen Kindern Kontakt aufzunehmen. Mit Murat können Sie zur Begrüßung einige Worte wechseln, mit den anderen beiden allerdings nicht mehr als einen herzlichen Händedruck austauschen.

An einem Vormittag verfolgen Sie auf dem Bauteppich ein Gespräch zwischen den vier neuen Kindern und dem Unterstufenpraktikanten Stefan:

> Murat: „Ey, ich habe das Auto genehmt. Ich will jetzt mit das Auto spielen!"
> Stefan: „Du meinst wohl ‚genommen', Murat. Und mit *das Auto* willst du auch nicht spielen, sondern mit *dem Auto*."
> Timucin: „Brummbrumm, ich auch haben!"
> Stefan (lacht laut auf): „Also Timucin, wie alt bist du denn? Das entspricht doch wohl kaum deinem Alter. ‚Brummbrumm' sagen doch nur Babys!"
> Can: „Ich wollen auch …"
> Stefan (spricht dazwischen): „Ne Can, du nix wollen. Ich rede gerade noch mit Timucin. Was meinst du, wie dieser Gegenstand wohl richtig heißt, Timucin?"
> Timucin (zuckt mit den Schultern): „Mmh …" Stefan: „Warum weißt du das denn nicht?"
> Michelle (zu Stefan gewandt): „Aber tutt mal, Murat hat das Auto doch zuerst denommen, der darf das danz für sich allein haben."
> Stefan: „Dat haste aber richtig gecheckt, Michelle. Und nun?"

Alle Kinder schauen Stefan verdutzt an. Keines der Kinder traut sich, etwas zu sagen. Nach einigem Zögern geht die Gruppe auseinander und jeder Einzelne anderen Tätigkeiten nach.

Auch Stefan ist sichtlich irritiert und schaut fragend um sich. Sie nutzen diese beobachtete Situation als Anlass, um mit Stefan über seinen Umgang mit den sprachlichen Schwierigkeiten der neuen Kinder zu sprechen und dabei auch Ihre eigenen Unsicherheiten und Verbesserungsbedarfe kritisch zu überprüfen.

1. Aufgabe

Was sagt Stefan zu den Kindern und wie wirkt sich das Gesagte auf die Gesprächssituation und das sprachliche Verhalten der Kinder aus?

Beschreiben Sie, wie Stefan mit den Kindern spricht.

2. Aufgabe

Was müsste Stefan an seinem Gesprächsverhalten ändern, um die Kinder zukünftig sprachlich besser fördern zu können? Welches Hintergrundwissen kann ihm dabei helfen?

Formulieren Sie, welche Fähigkeiten und Fertigkeiten (➔ Können) und welche konkreten Inhalte und Wissensbereiche (➔ Wissen) sich Stefan aneignen sollte.

Das sollte Stefan können ...	Das sollte Stefan wissen ...

B Handlungsorientierte Aufgaben

3. Aufgabe

Wie verhält sich Stefan in solchen Gesprächssituationen richtig?
Was sagt er zu den Kindern und welche Prinzipien setzt er dabei um?
Erläutern Sie, welche Grundhaltung und Verhaltensweisen die sprachliche Entwicklung der Kinder fördern.
Formulieren Sie das Gespräch zwischen Stefan und den Kindern entsprechend um.

Dialog zwischen Stefan, Timucin, Murat, Can und Michelle:

4. Aufgabe

Woher weiß Stefan, dass er sich im Bereich der Sprachbildung und -förderung verbessert hat?
Wie kann er seine erworbenen Kompetenzen überprüfen?
Tauschen Sie sich über Ihre Ergebnisse mit Ihren Mitschülern aus. Geben Sie sich gegenseitig zu dem von Ihnen umformulierten Gespräch zwischen Stefan und den Kindern ein Feedback.

TIPPS — So geht's in der Praxis

Im Team kann es hilfreich sein, sich regelmäßig gegenseitig in Gesprächssituationen mit Kindern zu beobachten und sich anschließend in einem Reflexionsgespräch eine Rückmeldung zum eigenen Sprachförderverhalten zu geben. Pädagogische Fachkräfte können zusätzlich Videoaufnahmen nutzen, um sich ihres eigenen sprachlichen Handelns bewusst zu werden und festgefahrene Muster aufbrechen zu können. Eigene Lernerfolge werden hierbei ebenso direkt sichtbar.

Inhalte aus dem Band „Kinderpflege – Sozialpädagogische Theorie & Praxis" zum Themenkomplex „Sprachbildung: Den kindlichen Spracherwerb verstehen und unterstützen"	
Bedeutung der Sprachbildung für die pädagogische Arbeit (→ ab S. 464)	☐
Der kindliche Spracherwerb (→ ab S. 466)	☐
Den Spracherwerb fördern (→ ab S. 475)	☐
Das Konzept der Literacy-Erziehung (→ ab S. 487)	☐
Sprachbildung konzeptionell verankern (→ ab S. 493)	☐

2 Gruppe und Erziehung

Situation 2: „Projekttreffen im Werkraum"

Martin Wieczorek befindet sich im zweiten Ausbildungsjahr zum Kinderpfleger. Sein Praktikum absolviert er in der Bärengruppe der Kita „Waldzauber". Dort führt er zusammen mit seiner Praxisanleiterin Selin Beyaz ein dreiwöchiges Projekt zum Thema „Puppentheater" mit den angehenden Schulkindern durch. Während jedes Projekttreffens macht er sich Notizen zum Verlauf, die er anschließend in Form einer schriftlichen Beobachtung für seine Projektmappe ausformuliert.

Bei der dritten Projektstunde hält er folgende Beobachtungen fest:

Ort: Werkraum der Kita	Namen der beobachteten Kinder:	Beobachter:
Zeitraum: 10:30–11:30 Uhr	Maja (5;10), Tim (5;3 Jahre), Leonie (5;8 Jahre), Dennis (5;4 Jahre), Ersan (5;6 Jahre)	Martin Wieczorek

Situationsbeschreibung:
Heute sind fünf der sieben Kinder unserer Projektgruppe anwesend. Wir sitzen zusammen am Werktisch. Die Kinder sollen heute ihre vorgefertigten Skizzen auf die zur Verfügung stehenden Leinwände mithilfe verschiedener Materialien, wie z. B. Wasserfarben, Glitzerstifte, etc. übertragen. Meine Kollegin Selin und ich ziehen uns nach einer kurzen Einweisung in die Arbeit mit den eher bekannten Materialien zurück und beobachten die Situation vom Ende des Werkraumtisches aus.

Maja schlägt den anderen Kindern vor, die Skizzen zunächst mit Bleistiften auf der Leinwand vorzuzeichnen. Hierfür teilt sie jedem Kind ein zu bearbeitendes Stück der Leinwand zu, indem sie mit Tims Hilfe die mit Stoff bespannte Leinwandfläche in vier gleich große Viertel teilt. Maja fällt schließlich auf, dass sie beide ein Stück zu wenig eingezeichnet haben, da die Projektgruppe heute aus fünf Kindern besteht.
Maja: „Tim, warum sagst du denn nicht, dass wir eins zu wenig haben? Leonie, dich habe ich jetzt nicht mit eingeplant, aber das macht ja gar nichts, der Tim lässt dich bestimmt an seinem Stück mitzeichnen."
Tim nickt (sehr zögerlich) und schiebt seinen Stuhl ein Stück zur Seite, als sich Leonie von hinten nähert.
Maja lacht laut auf: „Du müsstest jetzt mal dein Gesicht sehen, Tim! Leonie wird dich schon nicht beißen … oder etwa doch?"
„Ach was, ich mach doch gar kein Gesicht. Mir macht es nichts aus!" Tim ballt unter dem Tisch seine Hand zu einer Faust (er scheint doch verärgert zu sein) und fängt mit der anderen Hand an, erste Striche auf die Leinwand zu zeichnen.
Leonie sitzt von ihm abgewandt und wühlt in der Materialkiste.
Maja ruft daraufhin Tim zu Hilfe, der den Stoff ihrer Leinwandecke wieder neu spannen soll: „Meine Leinwand hat sich irgendwie von alleine abgelöst. Tim, du musst mir dabei helfen. Weißt du, ich will nämlich ein Logo in die Ecke zeichnen, das so eine Art Gruppenlogo sein soll."
Dennis steht von seinem Platz auf und blickt über Majas Schulter: „Ein Logo? Das ist aber eine blöde Idee. So etwas will ich aber nicht malen. Logo hört sich an wie Popo, wir können ja einen Popo auf das Bild malen." Dennis dreht sich daraufhin mit dem Rücken zur Gruppe und fängt an, mit seinem Hinterteil zu wackeln.
Ersan schüttelt sich vor Lachen und stößt dabei aus Versehen einen Behälter mit Wasser um, das sich über die komplette Leinwand ergießt.
„Na toll, das ist ja wieder typisch. Immer machst du alles kaputt, Ersan!", schreit Maja Ersan an.
Während sich Dennis über dieses Missgeschick zu amüsieren scheint, versuchen Tim und Ersan mit einigen Trockentüchern das Wasser aufzuwischen.
„Ey Leonie, was machst du eigentlich? Kannst du uns mal helfen?", ruft Maja Leonie entgegen, die damit beschäftigt ist, alte Stoffreste aus einem Korb herauszusuchen. „Wir sollen die Leinwand bemalen und nicht mit Stoff bekleben!"
Leonie dreht sich um und setzt sich mit der Klebe und den Stoffresten an einen anderen Tisch.
„Ach, egal. Mach du doch, was du willst…." Maja verschränkt die Arme und setzt sich sichtlich verärgert zurück an den Tisch.

1. Aufgabe

Wie verhalten sich die einzelnen Kinder während des Projekttreffens? Was zeichnet die Zusammenarbeit der gesamten Gruppe aus?

Beschreiben Sie die Gruppensituation und das Verhalten der einzelnen Gruppenmitglieder.

2. Aufgabe

Was sollten die Projektleiter Martin und Selin wissen und können, um mit dieser Gruppensituation und dem Verhalten der einzelnen Kinder bestmöglich umzugehen?

Formulieren Sie, welche Fähigkeiten und Fertigkeiten (➜ Können) und welche konkreten Inhalte und Wissensbereiche (➜ Wissen) sich beide aneignen sollten.

Das sollten die Projektleiter können …

Das sollten die Projektleiter wissen …

B Handlungsorientierte Aufgaben

3. Aufgabe
In welcher Gruppenphase befindet sich die Projektgruppe aktuell und welche Rollen haben die einzelnen Gruppenmitglieder eingenommen?

a Erläutern Sie die besonderen Merkmale dieser Gruppenphase und der einzelnen Rollenträger.

b Entwickeln Sie hierzu passende Handlungsmöglichkeiten, mit denen die Projektleiter die Situation der Gruppe und der einzelnen Gruppenmitglieder angemessen unterstützen können.

4. Aufgabe

Wie können Martin und Selin die Wirksamkeit ihres Handelns überprüfen?
Stellen Sie das Projekttreffen nach und erproben Sie in dieser simulierten Situation Ihre erarbeiteten Handlungsmöglichkeiten.

TIPPS — So geht's in der Praxis

Bei der Arbeit mit Klein- und Großgruppen erleben die pädagogischen Fachkräfte immer wieder aufs Neue, welche Rollen von den einzelnen Kindern eingenommen werden und wie sich der Gruppenprozess im Verlauf der gemeinsamen Zeit gestaltet. Regelmäßige Beobachtungen helfen den pädagogisch Tätigen, sich der Besonderheiten und Veränderungen innerhalb ihrer Gruppe bewusst zu werden und daraus angemessene Handlungsmöglichkeiten abzuleiten. Diese Überlegungen sind besonders wichtig, um mit schwierigen Situationen innerhalb der Gruppenarbeit zurechtzukommen und Handlungsstrategien zu erproben.

Inhalte aus dem Band „Kinderpflege – Sozialpädagogische Theorie & Praxis" zum Themenkomplex „Gruppe und Erziehung"	
Was ist eine Gruppe? (➜ ab S. 364)	☐
Gruppen sind nützlich (➜ ab S. 366)	☐
Unterschiedliche Formen von Gruppen (➜ ab S. 368)	☐
Rollen in der sozialen Gruppe (➜ ab S. 371)	☐
Wie entwickelt sich eine Gruppe? (➜ ab S. 372)	☐
Mit Konflikten in Gruppen umgehen (➜ ab S. 376)	☐

3 Eltern als Bildungs- und Erziehungspartner betrachten

Situation 3: „Besorgte Mutter"

Silke Heidenreich arbeitet als Kinderpflegekraft in der Großtagespflege „Zipfelmützen". Auf der neu errichteten Website der Einrichtung gibt es für die Eltern die Möglichkeit, sich im Rahmen eines Chatforums untereinander auszutauschen. Beim Einloggen entdeckt Silke folgenden Chatbeitrag:

Beitrag von *miezibuh* – 09.05.2015 – 20:46:26 Uhr

Hallo an alle,

wie ich heute in der Tagespflege mitbekommen habe, finden dort Entwicklungsgespräche statt. Die Tagesmütter führen anscheinend Buch über jedes Kind und bestellen dann uns Eltern ein.

Fakt ist: Darüber wurde uns nichts gesagt und es kann nicht angehen, dass Aufzeichnungen über unser Kind gemacht werden, ohne das vorher zu sagen! Ich habe einen Vertrag mit den Tagesmüttern abgeschlossen. Inhalt: Öffnungszeiten, Ferien, Gebühren. Und sonst nichts!

Mein Kind ist erst 1 Jahr alt und ich bin absolut dagegen, dass die Tagesmütter Aufzeichnungen machen und dass mein Kind in irgendwelche Schablonen gepresst, beobachtet und bewertet wird.

Ich muss arbeiten und mein Kind soll wenige Stunden am Tag dort beaufsichtigt werden. Dafür werden die ja bezahlt und Ende aus.

Ich habe keine Lust darauf, durchleuchtet zu werden. Ich komme mir dort vor, als wäre ich bei der Stasi.

Die Erzieherinnen sind erstaunlich gut über die Familienverhältnisse informiert. Mir kommt es so vor, als wäre das eher ein Kinderheim und keine Tagespflege.

Wer steckt eigentlich hinter so was? Das Jugendamt? An wen gelangen Infos über mein Kind? Was ist, wenn mein Kind in irgendeinem Punkt anders ist als andere? Habe ich dann direkt irgendein Amt am Hals? Wozu dient das? Man hat ja Angst, dass das Kind mit einem blauen Fleck kommt und man als Kindesmisshandler hingestellt wird.

Fakt ist: Ich will nicht, dass solche Aufzeichnungen stattfinden. Kann ich das untersagen?

Ich komme mir ausspioniert vor. Andere Kinder gehen erst mit 3 Jahren in den Kindergarten. Die werden schließlich im Alter von 0–3 auch nicht beobachtet und bewertet! Mir reicht's echt.

1. Aufgabe

Worüber ärgert sich die Mutter? Was bereitet ihr Sorgen?
Notieren Sie die von ihr angesprochenen Kritikpunkte und Bedenken.

2. Aufgabe

Was sollte die Kinderpflegekraft Silke im Umgang mit der besorgten Mutter wissen und können?
Formulieren Sie, welche Fähigkeiten und Fertigkeiten (➔ Können) und welche konkreten Inhalte und
Wissensbereiche (➔ Wissen) sich Silke aneignen sollte.

Das sollte Silke können ...	Das sollte Silke wissen ...

3. Aufgabe

Was sollte Silke der besorgten Mutter und den anderen Erziehungsberechtigten mitteilen, um ihre Ängste und Bedenken zu reduzieren? Wie kann sie diese wichtigen Informationen an alle herantragen? Sammeln Sie Argumente und zeigen Sie Möglichkeiten auf, wie Sie diese den Erziehungsberechtigten vermitteln könnten. Entscheiden Sie sich für eine Form der Informationsvermittlung.

Form der Informationsvermittlung:

4. Aufgabe

Wie kann Silke überprüfen, ob ihre Informationen für die Erziehungsberechtigten nachvollziehbar sind? Woher weiß sie, dass die von ihr gewählte Form der Vermittlung bei den Eltern auf Anklang stoßen wird? Stellen Sie sich gegenseitig Ihre Argumentation vor und besprechen Sie miteinander die Vor- und Nachteile der jeweils genannten Vermittlungsformen.

TIPPS — So geht's in der Praxis

Im Sinne einer funktionierenden Erziehungs- und Bildungspartnerschaft müssen pädagogische Fachkräfte regelmäßig wichtige Informationen an die Erziehungsberechtigten herantragen. Hierbei ist es wichtig, dass das mündlich oder schriftlich Mitgeteilte leicht verständlich und formal korrekt (fehlerfrei) ist. Je nachdem, wie bedeutsam und umfassend die Elterninformationen sind, kann das Team aus einer Vielzahl an Vermittlungsformen wählen, die hinsichtlich ihres Vorbereitungsaufwandes und zeitlichen Umfanges bestimmte Vorzüge bieten, aber auch Grenzen aufweisen.

Inhalte aus dem Band „Kinderpflege – Sozialpädagogische Theorie & Praxis" zum Themenkomplex „Eltern als Bildungs- und Erziehungspartner betrachten"	
Die Bedeutung einer gelingenden Bildungs- und Erziehungspartnerschaft (➜ ab S. 392)	☐
Grundlagen einer gelingenden Bildungs- und Erziehungspartnerschaft (➜ ab S. 393)	☐
Ziele einer gelingenden Bildungs- und Erziehungspartnerschaft (➜ ab S. 396)	☐
Formen der Bildungs- und Erziehungspartnerschaft (➜ ab S. 405)	☐
Zusammenarbeit mit Eltern unterschiedlicher Herkunft (➜ ab S. 407)	☐

4 Lernen: Kindliche Lernwege verstehen

Situation 4: „Schlafenszeit"

Es ist 13:00 Uhr und somit Zeit für den Mittagsschlaf in der U3-Gruppe der Kindertageseinrichtung „Am Rosenhang". Die pädagogischen Fachkräfte machen die Kinder nacheinander fertig, um sie im Ruheraum hinzulegen.

Nur Nico (2;4) scheint noch nicht ins Bett gehen zu wollen. Während die anderen Kinder gewickelt und teilweise aus- und umgezogen werden, fängt er im Gruppenraum an, eine Kiste mit Bauklötzen auszuräumen. Kinderpflegerin Betül ruft ihn aus dem Waschraum zu sich, doch er reagiert nicht. Auch als Betül zu ihm geht und ihm erklärt, dass nun Schlafenszeit sei, ignoriert er sie und stapelt die Klötze weiter aufeinander. Schließlich beginnt sie damit, die Klötze zurück in die Kiste zu räumen, woraufhin Nico anfängt zu weinen. Betül erklärt ihm erneut, dass er jetzt das Spielen beenden müsse, weil sich alle Kinder nun etwas ausruhen sollen. Nico schüttelt jedoch den Kopf, schaut Betül mit großen traurigen Augen an und bittet: „Noch ein bisschen." Betül lässt Nico weiterspielen und geht zunächst mit einem anderen Kind in den Waschraum. Währenddessen holt sich Nico eine weitere Kiste mit Fahrzeugen dazu.

Betül startet einen erneuten Versuch und ruft Nico zu sich, der erneut nicht reagiert. Dieses Mal betritt Betül den Gruppenraum schnellen Schrittes und schimpft mit Nico, da er eine weitere Kiste ausgeräumt hat, obwohl er weiß, dass er das Spielen längst beenden sollte. Sie nimmt Nico die Fahrzeuge aus der Hand und trägt ihn wild strampelnd in den Waschraum. Nico weint noch lauter und versucht sich aus ihrem Griff zu befreien. Sichtlich verzweifelt lässt Betül Nico wieder herunter und erlaubt ihm, zwei Fahrzeuge mit in den Schlafraum zu nehmen, wenn er sich jetzt endlich in sein Bett legt. Mit einem Lächeln läuft er zurück in den Gruppenraum und durchstöbert die Kiste nach zwei geeigneten Fahrzeugen. Betül wartet ungeduldig an der Tür auf ihn. Er lässt sich viel Zeit beim Aussuchen, scheint dann jedoch zwei Fahrzeuge gefunden zu haben und geht fröhlich mit Betül zum Schlafraum hinüber.

Dort legt Nico sich in sein Bett, steht aber nach kurzer Zeit wieder auf und verkündet, er wolle noch nicht schlafen, sondern lieber mit seinen beiden Fahrzeugen spielen. Einige der jüngeren Kinder setzen sich plötzlich auch auf und schauen neugierig zu Nico herüber. Betül überzeugt Nico davon, sich wieder hinzulegen, indem sie ihm leise ins Ohr flüstert, dass er nach dem Aufstehen auch einen Lutscher von ihr bekommt, wenn er jetzt endlich einschläft. Nico krabbelt prompt unter die Decke, sodass Betül sichtlich erleichtert beginnt, für alle ruhenden Kinder eine Einschlafgeschichte vorzulesen. Nach den ersten Zeilen steht Nico aber erneut auf, weil er angeblich auf die Toilette muss. Als Betül ihm jedoch droht, dass er, wenn er noch einmal aufsteht, später nicht mit nach draußen könne, legt er sich widerwillig hin und schläft nach kurzer Zeit ein.

Da ist es schon 13:30 Uhr. Sichtlich genervt überlässt sie die restliche Schlafwache der Jahrespraktikantin mit den Worten: „Super, meine Mittagspause ist jetzt auch schon fast rum."

4 Lernen: Kindliche Lernwege verstehen — 143

1. Aufgabe

Wie verhält sich Nico und wie reagiert die Kinderpflegerin Betül darauf?
Beschreiben Sie die jeweiligen Verhaltensweisen beider Personen.

_____
_____
_____
_____
_____
_____
_____

2. Aufgabe

Was sollte die Kinderpflegekraft Betül im Umgang mit Nico wissen und können?
Formulieren Sie, welche Fähigkeiten und Fertigkeiten (➜ Können) und welche konkreten Inhalte und
Wissensbereiche (➜ Wissen) sich Betül aneignen sollte.

Das sollte Betül können …	Das sollte Betül wissen …

3. Aufgabe

Begründen Sie Nicos Verhalten mithilfe einer passenden Lerntheorie und zeigen Sie für Betül pädagogische Handlungsmöglichkeiten auf.

4. Aufgabe

Wie wirken sich Betüls Handlungsalternativen auf Nicos Verhalten aus?
Stellen Sie die Beispielsituation nach und wenden Sie dabei die alternativen Handlungsmöglichkeiten an.

TIPPS — So geht's in der Praxis

Bei den Lernprozessen eines Kindes spielen die Reaktionen der pädagogischen Fachkraft eine große Rolle. Sie begünstigen oder mindern bestimmte Verhaltensweisen des Kindes. Die pädagogische Fachkraft kann dabei auf verschiedene Möglichkeiten zurückgreifen, die im Sinne einer positiven Grundhaltung aus pädagogischer Sicht unterschiedlich gewertet werden können. Auch muss sie sich ihrer eigenen Rolle als Modell für kindliches Lernen bewusst werden. Ihr einfühlsames, aber auch konsequentes Erziehungshandeln trägt dazu bei, dass das Kind bestimmte Lernwege beschreitet und auf Dauer erwünschte Verhaltensweisen verinnerlicht.

Inhalte aus dem Band „Kinderpflege – Sozialpädagogische Theorie & Praxis" zum Themenkomplex „Lernen: Kindliche Lernwege verstehen"	
Grundlegendes zum Thema Lernen (➔ ab S. 86)	☐
Beim Lernen neue Verbindungen herstellen (➔ ab S. 91)	☐
Verhaltensänderungen durch Lernen (➔ ab S. 95)	☐
Neuer Wissenserwerb (➔ ab S. 103)	☐
Was haben Legosteine mit Lernen zu tun? (➔ ab S. 106)	☐
Ab wann beginnen Kinder zu lernen? (➔ ab S. 107)	☐

5 Medien und Medienkompetenz

Situation 5: „Internetrecherche zum Medienkonsum"

Jakub Lewandowski ist Kinderpfleger in der Kindertageseinrichtung „Lila Launeland" und möchte das Thema „Mein Umgang mit Handy, Tablet und Co." bei dem wöchentlichen Treffen der Maxigruppe, die aus fünf angehenden Schulkindern besteht, aufgreifen. Bei seiner Recherche im Internet regt ihn folgender Artikel zum Nachdenken an:

---

www.spiegel.de

Medienkonsum: Wie viel iPhone ein Kind verträgt
Von Jana Hauschild

Ein Dreijähriger malt auf dem iPad, ein Grundschüler zückt sein Smartphone: Spielerisch lernen schon die Kleinsten den Umgang mit neuester Technik. Experten streiten darüber, ab welchem Alter Kinder welche Medien nutzen sollten und verkraften können. Ein US-Psychologe warnt vor dem iPhone-Syndrom.

Eine Horde Fünfjähriger bevölkert einen Raum, es ist mucksmäuschenstill. Doch die Kinder schlafen nicht. Sie sitzen an Tischen und spielen auf ihren iPads. Was befremdlich wirkt, ist seit Herbst 2011 Realität in einem US-Kindergarten. Dort wurden alle Kinder eines Jahrgangs mit den Tablet-Rechnern ausgestattet. Täglich spielen und lernen sie nun mit den Geräten.

Experten streiten über dieses Projekt. Kern der Diskussion: Wie viel Technik und Medien verkraften Kinder, und ab welchem Alter sollten sie damit in Kontakt kommen?
Zu viel Medienkonsum gefährdet die Entwicklung, sagen die einen. Tablets und Co. ermöglichen besseres Lernen, meinen die anderen. Die Wissenschaft hingegen hat noch keine klaren Antworten.

Der US-Psychologe und Buchautor Jim Taylor warnt in seinem neuesten Elternratgeber „Raising Generation Tech – Preparing Your Children For a Media-Fueled World" bereits vor dem iPhone-Syndrom. Dieses entstehe, wenn Eltern beispielsweise ihren gelangweilten Kindern unterwegs in der Bahn ihr Smartphone zusteckten, damit sie ruhig seien. „Die Kinder lernen: Wenn sie quengelig sind, werden sie unterhalten", erklärt Taylor. „Was sie nicht lernen, ist, geduldig zu sein oder gar ihrer Langeweile aus eigenen Stücken mit eigenen Ideen zu entfliehen."

Aber auch ein Überengagement der Eltern kann problematisch sein. „Manche Eltern bringen ihre Kinder schon früh und häufig mit Medien in Berührung, aus Angst, ihr Kind könnte später im Umgang mit all den Geräten hinterherhinken", sagt Taylor. Zu oft erlebe er Kinder, die weder Schnürsenkel schnüren noch Schwimmen könnten, wohl aber souverän im Umgang mit Smartphones seien. (...)

---

http://www.spiegel.de/gesundheit/psychologie/medienkonsum-von-kindern-us-psychologe-warnt-vor-dem-iphone-syndrom-a-859029.html
Zugriff 06.05.2015

Jakub ist sich nun nicht mehr so sicher, ob dieses Thema für seine Maxigruppe wirklich geeignet ist.

1. Aufgabe

Was erfährt Jakub über den Medienkonsum von Kindern in diesem Artikel?
Was scheint ihn zu irritieren bzw. lässt ihn an seiner Themenwahl zweifeln?
Fassen Sie die im Artikel angesprochenen Aspekte zum Medienkonsum und -umgang zusammen.

2. Aufgabe

Was sollte Jakub zum Thema „Mein Umgang mit Medien" wissen und können, um es mit den Kindern zu erarbeiten?
Formulieren Sie, welche Fähigkeiten und Fertigkeiten (➔ Können) und welche konkreten Inhalte und Wissensbereiche (➔ Wissen) sich Jakub aneignen sollte.

Das sollte Jakub können ...	Das sollte Jakub wissen ...

B Handlungsorientierte Aufgaben

3. Aufgabe

Was kann Jakub seiner Kindergruppe zum Thema „Mein Umgang mit Medien" vermitteln? Was sollen sie hierbei lernen und wie kann er dabei vorgehen?

a Tragen Sie die zu erweiternden Kompetenzen zusammen.

b Entwickeln Sie Ideen für ein konkretes Bildungsangebot.

4. Aufgabe

Wie kann Jakub überprüfen, ob sein Angebot gut durchdacht ist und er die angestrebten Kompetenzen bei den Kindern auch erweitern kann?
Gleichen Sie Ihre Überlegungen mit denen anderer Mitschüler ab und überprüfen Sie dabei, durch welche geplanten Handlungsschritte jeweils die einzelnen Kompetenzen innerhalb des Angebotes gefördert werden.

TIPPS — So geht's in der Praxis

Um die Medienkompetenz von Kindern fördern zu können, müssen pädagogische Fachkräfte sich vorab intensiv mit der Thematik auseinandersetzen. Neben den individuellen Medienerfahrungen der Kinder sollten auch die Wirkungen von Medien und die dahinter verborgenen Risiken und Gefahren bearbeitet werden. Das Thema zu umgehen oder den Konsum von Medien gar zu verteufeln, ist hierbei der falsche Weg. Vielmehr gilt es, die Kinder für einen bewussten Umgang mit Handy, Tablet und Co. zu sensibilisieren. Einzelne Kleingruppenangebote oder gar Projekte können den notwendigen Raum hierzu bieten. Die pädagogische Fachkraft muss dabei ihr Vorgehen gut planen und die anzustrebenden Kompetenzzuwächse berücksichtigen.

Inhalte aus dem Band „Kinderpflege – Sozialpädagogische Theorie & Praxis" zum Themenkomplex „Medien und Medienkompetenz"	
Wandel der Medienlandschaft (➔ ab S. 538)	☐
Bedeutung für Kinder und Jugendliche (➔ ab S. 540)	☐
Medienerfahrungen von Kindern und Jugendlichen (➔ ab S. 541)	☐
Chancen und Gefahren moderner Medien (➔ ab S. 543)	☐
Beurteilungskriterien zur Auswahl und Regeln im Umgang mit Medien (➔ ab S. 551)	☐
Kreativer Umgang mit Medien (➔ ab S. 554)	☐
Berufsbezogener Einsatz des Computers (➔ ab S. 556)	☐

6 Erziehungsstile: Bewusstes Erziehungshandeln

Situation 6: „Zwei Erzieherinnen – zwei Erziehungsstile"

Karin Niehaus absolviert ihr erstes Unterstufenpraktikum in der Kindertageseinrichtung „Rumpelstilzchen". Eine ihrer Praktikumsaufgaben ist es, ihre Erlebnisse und Erfahrungen in einem pädagogischen Tagebuch festzuhalten und daraus bedeutsame Fragestellungen für den eigenen beruflichen Werdegang zu entwickeln. Nach der ersten Woche verfasst sie hierzu folgenden Eintrag:

In der ersten Woche durfte ich in beiden Gruppen der Kita hospitieren. Beide Gruppen werden jeweils von einer älteren Erzieherin geleitet. Schon zu Beginn merkte ich, dass es zwischen den beiden Erzieherinnen deutliche Unterschiede gibt. Während die eine sehr lieb ist, führt die andere ein strenges Regiment.

In der Sternengruppe ist mir schnell aufgefallen, dass die Gruppenleiterin Erika immer für die Kinder da ist, ihnen aber auch nichts abschlagen kann. Da es ihr auch schwerfällt, sich durchzusetzen, herrscht oft Chaos. So passiert es häufig, dass die Kinder trotz wiederholter Aufforderung nicht zum Sitzkreis kommen. Dann gibt Erika manchmal auf und versucht es später noch einmal. Die Kinder sind sehr unruhig und manchmal erscheinen sie etwas unzufrieden. Jedenfalls gelingt es ihr häufig nicht, die Kinder in eine bestimmte Richtung zu lenken. Allerdings zeigt sie eine herzliche Wärme und im Grunde mögen die Kinder ihre Erika sehr. So sitzen sie gern auf ihrem Schoß und schmusen mit ihr. Einsame Spitze ist sie im Trösten. Ein Kind in den Arm zu nehmen und es in seiner Traurigkeit oder seinem Frust aufzufangen und neuen Mut zu geben, gelingt ihr hervorragend. Wenn da nur das Chaos in der Gruppe nicht wäre …

Ganz anders sieht es in der Mondgruppe aus. Die Kollegin Ingrid tritt dort sehr dominant auf. So reichen oft ihre tiefe und laute Stimme und eine Anweisung und die Kinder kuschen. In der Gruppe läuft alles wie am Schnürchen. Allerdings wirkt sie auch etwas unterkühlt und wenig herzlich. Der Gruppenraum ist immer absolut aufgeräumt, der Geräuschpegel niedrig. Die Kinder erscheinen mir jedoch auch teilweise ein wenig verängstigt und eingeschüchtert. Selten wendet sich ein trauriges Kind an Ingrid. Eher kommt es auf ihre Kollegin zu. „Warum darf ich denn nicht in die Turnhalle?", fragte ein Junge sie diese Woche ganz traurig. „Weil ich es so sage", hat Ingrid nur kurz und knapp darauf geantwortet. Geholfen hat ihm die Antwort wohl kaum. Grundsätzlich hinterfragen die Kinder der Mondgruppe die Regeln auch nicht. Die meisten halten sich an diese, nur wenige versuchen hier und da dagegen zu rebellieren. Weit kommen sie damit eh nicht, denn kurz darauf folgt auch eine Strafe. Zwei Mädchen, die ihr Besteck und Geschirr nach dem Frühstücken nicht abgeräumt hatten, durften den ganzen Vormittag über als Einzige nicht nach draußen. Am nächsten Tag jedoch waren sie die Ersten, die alles abräumten und dann auch noch den Tisch abputzten.

Für mich stellt sich nach der ersten Woche schon die Frage, welches Erzieherverhalten ich für sinnvoller oder richtig halte bzw. wie ich mich als zukünftige Kinderpflegerin den Kindern gegenüber verhalten möchte. Das ist gar nicht so leicht zu beantworten, finde ich …

1. Aufgabe

Welche Unterschiede zwischen dem erzieherischen Handeln von Erika und Ingrid lassen sich aus Karins Beobachtungen festmachen?
Stellen Sie die Besonderheiten beider Erziehungsstile einander gegenüber.

2. Aufgabe

Was sollte die Unterstufenpraktikantin Karin wissen und können, um ein eigenes Erziehungshandeln zu entwickeln?
Formulieren Sie, welche Fähigkeiten und Fertigkeiten (➔ Können) und welche konkreten Inhalte und Wissensbereiche (➔ Wissen) sich Karin aneignen sollte.

Das sollte Karin können …	Das sollte Karin wissen …

B Handlungsorientierte Aufgaben

3. Aufgabe

Welche Erziehungsstile verfolgen die beiden Erzieherinnen Erika und Ingrid? Welches Erziehungshandeln sollte Karin für sich selbst wählen und wie sollte sie sich dabei den Kindern gegenüber verhalten? Bestimmen Sie die beschriebenen Erziehungsstile und zeigen Sie auf, welches Erziehungshandeln grundsätzlich zu bevorzugen ist.

4. Aufgabe

Warum ist dieser Erziehungsstil die richtige Wahl für Karin? Wie kann sie die Wirksamkeit ihres erzieherischen Handelns überprüfen?
Zeigen Sie die Vorzüge des gewählten Erziehungsstiles auf und erproben Sie das damit einhergehende Erziehungshandeln in Beispielsituation aus dem pädagogischen Alltag.

TIPPS — So geht's in der Praxis

Pädagogische Fachkräfte haben im Laufe ihrer beruflichen Entwicklung einen bestimmten Erziehungsstil verinnerlicht, der sich aus ihrer Sicht in der Praxis bewährt hat oder besonders ihren eigenen Charaktereigenschaften, Wertevorstellungen und ihrer grundsätzlichen Lebenshaltung entspricht. Ausgangspunkt erzieherischen Handelns sollte jedoch vorrangig das Kind mit seinen individuellen Merkmalen, Fähigkeiten und Bedürfnissen sein. Darin besteht die größte Herausforderung jeder pädagogischen Fachkraft. Eigene Verhaltensmuster gilt es zu hinterfragen, abzuändern und zu optimieren. Dies geschieht durch eine bewusste Auseinandersetzung mit dem eigenen Erziehungshandeln und durch einen regelmäßigen Abgleich der Selbst- und Fremdwahrnehmung im Austausch mit anderen Kolleginnen und Kollegen.

Inhalte aus dem Band „Kinderpflege – Sozialpädagogische Theorie & Praxis" zum Themenkomplex „Erziehungsstile: Bewusstes Erziehungshandeln"

Grundlagen zu Erziehungsstilen (➔ ab S. 312)	☐
Verschiedene Klassifikationen von Erziehungsstilen (➔ ab S. 315)	☐
Kinder beeinflussen den Erziehungsstil (➔ ab S. 323)	☐

7 Sich verständigen: Kommunikation und Interaktion

Situation 7: „Kissenschlacht im Entspannungsraum"

Sie arbeiten als Kinderpflegekraft in der Kindertageseinrichtung „Am grünen Hügel" zusammen mit dem Erzieher Jan und der Jahrespraktikantin Leila in einer Gruppe.

An einem Vormittag erschallt Lärm und ausgelassenes Geschrei aus dem Entspannungsraum, dessen Tür halb geöffnet ist. Sie hören mehrere Kinder, können aber nur einen Jungen, Hamid (4;8), sehen, der mit Kissen um sich wirft und dabei laut „Attacke" schreit.

Ihnen geht Folgendes durch den Kopf: Gemeinsam mit den Kindern wurde die Regel aufgestellt, dass im Entspannungsraum nicht getobt wird. Zum Toben, Hopsen und zur Durchführung von Kissenschlachten gibt es genug andere Orte, z. B. den Bewegungsraum. Kinder, die Ruhe suchen, werden durch die wilde Toberei und den Lärm im Entspannungsraum abgeschreckt. Insbesondere die Kleinen könnten Angst bekommen. Sie halten die Ruheregel für sinnvoll und beschließen einzugreifen, als Sie folgende Szene beobachten:

Die Praktikantin Leila geht zum Entspannungsraum und stößt die Tür energisch auf.
Sie sehen nun auch Luca (5;3), der auf zwei übereinandergelegten Matratzen auf und ab springt, Hamids Kissen abfängt und ihn wiederum damit bewirft.
Lucy (2;8) hüpft auf einem Kissen und schwingt eine Puppe durch die Luft. Dabei stößt sie Laute wie „hui, hui" aus.
Zu Anfang bemerken die Kinder die Praktikantin nicht.
Doch es wird schlagartig ganz still, als Leila mit lauter Stimme, die den Lärm der Kinder übertönt, fragend ruft: „Seit wann wird im Entspannungsraum eigentlich getobt, mmmmh?"
Die Kinder blicken mit erschrecktem Gesichtsausdruck zur Praktikantin. Leila lächelt kopfschüttelnd.
Luca lacht auf und brüllt ebenso laut zurück: „Schon seit immer!"
Hamid wirft sich auf die Matratzen, beginnt auch laut zu lachen und schreit:
„Schon millionentausend Jahre."
Lucy steht immer noch mit gesenktem Kopf wie angewurzelt auf ihrem Kissen. Sie hält ihre Puppe ganz eng an sich gepresst fest.
Die beiden Jungen beginnen wieder auf der Matratze und den Kissen auf und ab zu springen. Dabei lachen sie und schreien: „Millionentausend, millionentausend!"
Leila runzelt die Stirn, ihre Lippen sind zusammengepresst.
Sie sagt mit harter Stimme: „Ihr seid aber albern! Könnt ihr zur Abwechslung nicht einmal vernünftig sein? Jetzt ist Schluss. Ihr räumt jetzt die Kissen wieder ordentlich auf. Ich komme gleich noch einmal zurück."
Lucy geht mit ihrer Puppe hinaus auf den Flur. Die beiden Jungen rollen sich lachend auf den Matratzen hin und her und setzen ihre Kissenschlacht fort.

Leila kommt auf Sie zu und sagt genervt: „Die hören aber auch gar nicht, oder?"

B Handlungsorientierte Aufgaben

1. Aufgabe
Was sagt Leila zu den Kindern und wie reagieren diese darauf? Warum ist Leila unzufrieden mit dem Ausgang der Situation?
Beschreiben Sie Leilas Kommunikationsverhalten und die Reaktionen der Kinder. Nennen Sie Gründe für Leilas Misserfolg.

_____

_____

_____

_____

_____

_____

_____

_____

2. Aufgabe
Was sollte Leila wissen und können, um in solch einer Situation souverän handeln zu können? Formulieren Sie, welche Fähigkeiten und Fertigkeiten (➜ Können) und welche konkreten Inhalte und Wissensbereiche (➜ Wissen) sich Leila aneignen sollte.

Das sollte Leila können …	Das sollte Leila wissen …

3. Aufgabe
Formulieren Sie für Leila eine passendere Aussage und beschreiben Sie, wie sie diese non- und paraverbal untermauern kann.

4. Aufgabe
Wie kann Leila zukünftig mit Schwierigkeiten in der Kommunikation besser umgehen? Erproben Sie das von Ihnen empfohlene Kommunikationsverhalten, indem Sie die Handlungssituation nachstellen und noch in weiteren Beispielsituationen anwenden.

TIPPS — So geht's in der Praxis

Besonders in schwierigen Gesprächssituationen reagieren viele Menschen sehr emotional und unbedacht. Meist sind sie dann umso weniger mit dem Ausgang zufrieden und ärgern sich über sich selbst. Pädagogische Fachkräfte können ein zunehmend souveränes Kommunikationsverhalten entwickeln, wenn sie bestimmte Gesprächstechniken beachten und ihre Äußerungen entsprechend aus ihrer Sicht formulieren (siehe Hauptband). Je häufiger sie dies in Gesprächssituationen umzusetzen versuchen, desto schneller verinnerlichen sie solche kommunikativen Muster. Den Erfolg ihres Kommunikationshandelns können sie am Verhalten ihres Gegenübers festmachen. Sind sich beide Parteien einig, welche Absichten die geäußerten Mitteilungen jeweils verfolgen, ist die Kommunikation als gelungen anzusehen.

Inhalte aus dem Band „Kinderpflege – Sozialpädagogische Theorie & Praxis" zum Themenkomplex „Sich verständigen: Kommunikation und Interaktion"

Was ist Kommunikation? (→ ab S. 188)	☐
Mit Kommunikation Beziehungen gestalten (→ ab S. 191)	☐
Mit Schwierigkeiten in der Kommunikation umgehen (→ ab S. 200)	☐
Mit verschiedenen Zielgruppen sprechen (→ ab S. 202)	☐

8 Grundprinzipien der Erziehung: Inklusion, Ressourcenorientierung und Gender

Situation 8: „Nachmittagsangebote"

Im Rahmen Ihrer Kinderpflegeausbildung absolvieren Sie Ihr mehrwöchiges Oberstufenpraktikum in der Kindertageseinrichtung „Spatzennest". Auch an den wöchentlichen Teamsitzungen nehmen Sie teil. Ein Tagesordnungspunkt der für heute angesetzten Teamsitzung bezieht sich auf die zurzeit laufenden Angebote. Die Leitung Ihrer Einrichtung erläutert, warum ihr dieser Punkt aktuell besonders am Herzen liegt:

> Vor einer Woche haben wir ja unsere neuen Nachmittagsangebote für die Kinder ausgehangen. Bei der Auswertung der Listen, in die sie sich selbst oder mithilfe ihrer Eltern eintragen sollten, ist mir mal wieder aufgefallen, dass sich für den Tanzworkshop erneut nur Mädchen angemeldet haben. Lucas stand zunächst auch auf der Liste, hat sich dann aber doch wieder herausgestrichen und will nun anscheinend lieber bei der Fußballgruppe mitmachen. Dafür haben wir ohnehin schon zu viele Anmeldungen, natürlich wie auch im letzten Durchgang nur von den Jungen.
>
> Wenn man die Kinder außerhalb der Angebote in der Freispielzeit beobachtet, wird auch hier klar, wo sich eindeutige Mädchendomänen und abgrenzbare Jungenterritorien auffinden lassen. Ein Vater beschwerte sich zuletzt auch bei mir, dass bei uns viel zu wenig für die Jungen angeboten wird. Während der Rollenspiel- und der Kreativbereich vorrangig von Mädchen genutzt werden, wird der Bauteppich von den Jungen in Beschlag genommen. Bei den Jungen kommt es dort auch viel häufiger zu Rangeleien, während ich mir für einige Mädchen wünschen würde, dass sie mehr aus ihrem Schneckenhaus herauskommen und sich auch mal anderen Aktivitäten gegenüber öffnen könnten. Irgendetwas Neues müssten wir uns da für beide Geschlechter überlegen. Wir haben ja noch zwei Zusatzräume, die zurzeit mehr als Abstellkammer dienen.
>
> Bisher haben wir uns mit diesen Phänomenen in unserer Einrichtung gar nicht auseinandergesetzt. Es wird aus meiner Sicht allerdings höchste Zeit, da neuen Schwung reinzubringen ...

1. Aufgabe

Was stört die Leitung der Kindertageseinrichtung? Was sollte sich ihrer Meinung nach in der Kindertageseinrichtung ändern?

Fassen Sie die genannten Kritikpunkte und Änderungswünsche in eigenen Worten zusammen.

2. Aufgabe

Was sollten die pädagogischen Fachkräfte wissen und können, um die Überlegungen der Leitung umzusetzen?

Formulieren Sie, welche Fähigkeiten und Fertigkeiten (➔ Können) und welche konkreten Inhalte und Wissensbereiche (➔ Wissen) sich das Team aneignen sollte.

Das sollten die pädagogischen Fachkräfte können …	Das sollten die pädagogischen Fachkräfte wissen …

B Handlungsorientierte Aufgaben

3. Aufgabe

Was kann das Team konkret im pädagogischen Alltag der Kindertageseinrichtung verändern, um den individuellen Bedürfnissen und Interessen von Jungen und Mädchen gerecht werden zu können? Entwickeln Sie Vorschläge **a** für sinnvolle Veränderungen der räumlichen und materiellen Bedingungen und **b** für passende Ergänzungen der Bildungsangebote.

a Räumliche und materielle Veränderungen:

b Ergänzende Bildungsangebote:

4. Aufgabe

Welche Veränderungen sind am effektivsten und lassen sich am schnellsten in der Kindertageseinrichtung umsetzen?
Tauschen Sie Ihre Überlegungen in der Klasse aus und erstellen Sie eine Rangfolge/Hitliste der gesammelten Ideen.

TIPPS — So geht's in der Praxis

Gerade im Elementarbereich sind die meisten pädagogischen Fachkräfte weiblich. Ihre Erfahrungen und Vorstellungen, die sie mit der weiblichen Geschlechterrolle im Laufe des Lebens gesammelt haben, nehmen meist auch deutlichen Einfluss auf die Ausgestaltung von räumlichen und materiellen Rahmenbedingungen und konkreten Bildungsangeboten. Darum ist es wichtig, den eigenen geschlechtsgeprägten Blick zu erweitern und eine geschlechterbewusste Haltung einzunehmen, um die zur Verfügung stehende Spiel- und Angebotsvielfalt überdenken und bei Bedarf verändern bzw. erweitern zu können. Hierbei macht es Sinn, gemeinsam im Team Ideen und Änderungswünsche zu sammeln und hinsichtlich ihrer Bedeutsamkeit und Umsetzbarkeit zu sortieren, um schrittweise den Bedürfnissen beider Geschlechter und den individuellen Interessen aller Kinder gerecht werden zu können.

Inhalte aus dem Band „Kinderpflege – Sozialpädagogische Theorie & Praxis" zum Themenkomplex „Grundprinzipien der Erziehung"

- Entwicklung einer pädagogischen Grundhaltung (➔ ab S. 256) ☐
- Das Konzept der inklusiven Pädagogik (➔ ab S. 260) ☐
- Ressourcenorientierung in der Erziehung (➔ ab S. 269) ☐
- Geschlechtsbewusste Erziehung (➔ ab S. 270) ☐
  - Entwicklung von Rollenvorstellungen
  - Umsetzung von geschlechterbewusster Erziehung in der Kindertageseinrichtung

9 Die kindliche Entwicklung von 0–10 Jahren

Situation 9: „Der verschlossene Timo"

In der Kindertagespflege „Windelzwerge" betreuen Erzieherin Sandra Neumann und Kinderpfleger Boris Ilic aktuell sieben Kinder im Alter von 0;5–3;2 Jahren. Timo (2;2) ist seit fast zwei Monaten in der Gruppe, zeigt sich jedoch noch immer sowohl gegenüber den pädagogischen Fachkräften als auch gegenüber den anderen Kindern sehr verschlossen.

Es bereitete Timo von Beginn an keine Schwierigkeiten, in der Tagespflege zu bleiben. Sein Vater, Mirco Schleicher, konnte bereits am zweiten Tag der Eingewöhnung problemlos den Gruppenraum für mehrere Stunden verlassen, ohne von Timo vermisst zu werden. Somit gestalten sich die täglichen Bring- und Abholphasen auch weiterhin ohne besondere Auffälligkeiten. Es scheint sogar so, als ließe Timo immer alles emotionslos über sich ergehen. Er zeigt weder große Freude, wenn er von seinem Vater gebracht oder abgeholt wird, noch scheint er traurig zu sein, wenn ihn sein Vater verlässt oder der Betreuungstag in der Tagespflege für ihn endet. Dies wird auch bei seinem Spielverhalten deutlich. Er zeigt keine Scheu, sich Spielzeuge zu nehmen, jedoch zieht er sich mit diesen meist in eine ruhigere Ecke zurück und möchte offensichtlich beim Spielen für sich bleiben. Wenn ihm eines der anderen Kinder etwas wegnehmen möchte oder ihn seine Betreuungspersonen zum Beenden des Spiels auffordern, wehrt er sich nicht und nimmt die Situation anscheinend gleichgültig hin.

Über Timos familiären Hintergrund wissen Erzieherin Sandra und Kinderpfleger Boris, dass Timos Mutter bereits kurz nach seiner Geburt verstorben ist und er mit seinem Vater zusammen in einer kleinen Wohnung lebt. Zu Großeltern oder anderen Familienangehörigen ist kein regelmäßiger Kontakt bekannt. Herr Schleicher arbeitet Vollzeit in einer Maschinenfabrik, weshalb Timo auch immer als letztes Kind um 16:15 Uhr von der Tagespflege abgeholt wird.

Als vorrangiger Bezugserzieher versucht Boris seit einigen Tagen intensiver auf Timos Interessen einzugehen. Bei einer gemeinsamen Bilderbuchbetrachtung merkt Boris jedoch mal wieder, wie schwer es ist, an Timo heranzukommen und längere Gesprächs- und Beschäftigungsphasen mit ihm aufzubauen. Auf die meisten Nachfragen oder Impulse, die Boris gezielt zu nutzen versucht, um Timo aus der Reserve zu locken, reagiert dieser nur mit einem Schulterzucken oder antwortet nur kurz mit einem „Weiß nicht" oder „Keine Ahnung". Da Boris ihn nicht unnötig bedrängen möchte, beendet er die gemeinsame Aktivität meist auch schnell und lässt Timo wieder alleine weiterspielen.

Im Gespräch mit seiner Kollegin Sandra sagt Boris ganz offen, dass er nicht versteht, warum Timo sich nach über zwei Monaten noch immer so distanziert verhält. Boris weiß auch nicht, was er noch tun oder lieber lassen soll, um einen Zugang zu Timo zu finden.

1. Aufgabe

Wie verhält sich Timo in der Tagespflegegruppe? Was bereitet seinem Bezugserzieher Boris Sorgen? Beschreiben Sie Timos Verhalten.

2. Aufgabe

Was sollte Boris wissen und können, um Timo in seiner weiteren Entwicklung begleiten und unterstützen zu können?
Formulieren Sie, welche Fähigkeiten und Fertigkeiten (➔ Können) und welche konkreten Inhalte und Wissensbereiche (➔ Wissen) sich Boris aneignen sollte.

Das sollte Boris können …	Das sollte Boris wissen …

B Handlungsorientierte Aufgaben

3. Aufgabe
Welche Rückschlüsse zur Bindung zwischen Timo und weiteren Bezugspersonen (Vater, Kinderpfleger Boris, andere Kinder) lassen sich aus den Beobachtungen ziehen? Wie kann Boris Timos weitere Entwicklung bestmöglich unterstützen?
Ordnen Sie einen Bindungstyp zu und skizzieren Sie hierzu passende pädagogische Handlungsmöglichkeiten.

4. Aufgabe
Woher weiß Boris, dass seine Rückschlüsse auf Timos Bindungstyp stimmen? Wie kann er die Wirkungsweise seines pädagogischen Handelns darauf überprüfen?
Gleichen Sie den Bindungstyp mit den anderen in der Literatur genannten ab und formulieren Sie zu den Handlungsmöglichkeiten jeweils passende Situationen.

Bindungstypen	Situationen

TIPPS So geht's in der Praxis

Das Fundament jeglichen pädagogischen Handelns bildet zunächst eine vertrauensvolle Beziehung zum Kind. Wie leicht der Aufbau der grundlegenden Beziehungsbande gelingt, hängt wesentlich von der Bindung ab, die das Kind zu seinen ersten Bezugspersonen aufgebaut hat. Bestimmte Bindungsmuster beeinflussen die sozial-emotionale Entwicklung des Kindes jedoch negativ und lassen sich nur schwer aufbrechen. Pädagogische Fachkräfte müssen den jeweiligen Bindungstyp erkennen, um feinfühlig darauf mit angemessenen Handlungsmöglichkeiten eingehen zu können. In konkreten Alltagssituationen können sie so auf die individuellen Verhaltensmerkmale des einzelnen Kindes reagieren und den Erfolg ihres pädagogischen Wirkens durch kontinuierliche Beobachtungen und kollegialen Austausch überprüfen.

Inhalte aus dem Band „Kinderpflege – Sozialpädagogische Theorie & Praxis" zum Themenkomplex „Die kindliche Entwicklung von 0–10 Jahren"	
Bindung ist eine Voraussetzung für Entwicklung (→ S.128)	☐
Kinder brauchen Bindung zum Überleben (→ S.128)	☐
Feinfühligkeit ist wichtig für eine sichere Bindung (→ S.131)	☐
Bindungsbeziehungen haben unterschiedliche Qualität (→ S.133)	☐
Bindung und Exploration (→ S.136)	☐

10 Das Spiel des Kindes

Situation 10: „Die spielen doch nur"

Die Kinderpflegeklasse des Silberthal-Berufskollegs befindet sich momentan in ihrem ersten Blockpraktikum. Um in dieser Zeit weiterhin in Kontakt bleiben zu können, hat der Klassensprecher Tim Wencko eine Handychat-Gruppe eröffnet. Er ist es auch, der bereits nach den ersten beiden Praktikumstagen die erste Nachricht an seine Klassenkameraden schreibt.

Wencko96   Ey Leute, wie war euer Start? Ich sage nur: Genau die richtige Ausbildung gewählt.

Lilly   Das wage ich zu bezweifeln. ;) Bin bis jetzt auch sehr zufrieden. Voll easy alles. Habe die letzten beiden Tage mit allen möglichen Kindern nur gespielt.

The boss   Jo, ich auch. Bis jetzt ist es ja auch ganz okay so, aber mal ehrlich, wenn das die ganze Zeit so weitergehen soll, kriege ich die Krise.

Lilly   Bist wohl kein Spielkind, was?

Wencko96   Wieso Krise? Was geht? Ist doch voll der Traumjob.

The boss   Ja, aber das kann doch echt nicht alles sein. Wird doch auf Dauer langweilig. Ich will den Kiddies doch auch was beibringen und so. Fünf aus der Gruppe kommen nach den Sommerferien in die Schule. In meiner Kita machen die Erzieherinnen und Kinderpflegerinnen den ganzen Tag nix, um sie darauf vorzubereiten. Die spielen den ganzen Tag auch nur mit denen, oder besser gesagt, die lassen sie einfach vor sich hinspielen.

Zuckerschnute1994   Bei uns gibt es den Maxiclub, der ist extra für die Großen. Da wird aber auch viel gespielt, gebastelt und so.

The boss   Bringt ja voll was ...

Lilly   Dann mach doch mit deinen Kindern Matheaufgaben oder so.

Silvie   Ihr seid ja voll die Brains alle! Spielen ist doch nicht gleich Spielen! Es gibt da schon Unterschiede. Das eine Spiel fördert mehr, das andere weniger. Ist doch wichtig für die Entwicklung der Kinder, dass sie viel spielen dürfen.

Wencko96   Aufgepasst, unsere Superpädagogin meldet sich zu Wort! Was genau ist denn dann deiner Meinung nach besseres oder schlechteres Spielen? Verstehe ich nicht, bin halt nicht so ein Brain wie du.

1. Aufgabe

Was sagen die einzelnen Mitschülerinnen und Mitschüler? Welche Sichtweisen zum Spielen werden von ihnen vertreten?
Fassen Sie die geäußerten Meinungen zum kindlichen Spiel zusammen.

2. Aufgabe

Was sollten die angehenden Kinderpfleger zum Thema „Das Spiel des Kindes" wissen und können, um es im Rahmen ihrer pädagogischen Arbeit begleiten und unterstützen zu können?
Formulieren Sie, welche Fähigkeiten und Fertigkeiten (➔ Können) und welche konkreten Inhalte und Wissensbereiche (➔ Wissen) sich die angehenden Kinderpfleger aneignen sollten.

Das sollten die angehenden Kinderpfleger können ...	Das sollten die angehenden Kinderpfleger wissen ...

B Handlungsorientierte Aufgaben

3. Aufgabe
Welche Bedeutung hat das Spielen für die kindliche Entwicklung? Wie können die angehenden Kinderpfleger darauf einwirken?

Formulieren Sie eine passende Chatnachricht, in der Sie den Schülerinnen und Schülern der Kinderpflegeklasse die Bedeutung des Spiels veranschaulichen und ihnen Möglichkeiten aufzeigen, wie sie dieses unterstützen können.

4. Aufgabe
Wie können Sie überprüfen, ob Ihre Nachricht verständlich formuliert ist und Sie die aufgezeigten Handlungsmöglichkeiten umfassend und für andere nachvollziehbar verschriftlicht haben?

Stellen Sie sich gegenseitig Ihre Chatbeiträge vor und ergänzen bzw. überarbeiten Sie diese bei Bedarf.

TIPPS — So geht's in der Praxis

Im pädagogischen Alltag nimmt das Freispiel des Kindes oftmals den größten Raum ein. Nicht nur auf zeitlicher Ebene, sondern auch hinsichtlich der ihm beigemessenen Bedeutung für die kindliche Entwicklung hat das Spiel des Kindes in den meisten Einrichtungen einen großen Stellenwert. Für Außenstehende kommt dabei nicht selten die Frage auf, ob das denn sinnvoll ist und reicht, um die Kinder bestmöglich auf das spätere Leben vorbereiten zu können. An dieser Stelle ist es wichtig, dass pädagogische Fachkräfte solche Bedenken auf Grundlage ihres Fachwissens und ihrer alltäglichen Spielbeobachtungen beseitigen und die Möglichkeiten der direkten oder auch indirekten Begleitung und Unterstützung des kindlichen Spiels hervorheben können.

Inhalte aus dem Band „Kinderpflege – Sozialpädagogische Theorie & Praxis" zum Themenkomplex „Das Spiel des Kindes"	
Die Bedeutung des Spiels (➔ ab S. 496)	☐
Die Entwicklung des Spielverhaltens (➔ ab S. 501)	☐
Feinfühligkeit ist wichtig für eine sichere Bindung (➔ S. 131)	☐
Das kindliche Spiel gestalten (➔ ab S. 507)	☐
Das Freispiel (➔ ab S. 524)	☐

11 Erziehung unter besonderen Bedingungen

Situation 11: „Benny haut zu"

Karin Niehaus absolviert ihr erstes Unterstufenpraktikum in der Kindertageseinrichtung „Rumpelstilzchen". Eine ihrer Praktikumsaufgaben ist es, ihre Erlebnisse und Erfahrungen in einem pädagogischen Tagebuch festzuhalten und daraus bedeutsame Fragestellungen für den eigenen beruflichen Werdegang zu entwickeln. In der dritten Praktikumswoche verfasst sie hierzu folgenden Eintrag:

Diese Woche war echt heftig. Unser ältestes Kind aus der Gruppe, Benny (6;2), hat mich mehrmals ganz schön an meine Grenzen gebracht. Von Beginn des Praktikums an ist er mir mit seiner kräftigen Statur und seiner lauten, tiefen Stimme aufgefallen. „Bei dem musst du besonders aufpassen", sagte mir meine Praxisanleitung sofort am ersten Tag. „Der fackelt nicht lange und haut sofort zu, wenn ihm ein Kind in die Quere kommt."

Dies stellte er leider in den letzten drei Wochen häufiger unter Beweis. Am liebsten spielt er draußen auf dem Außengelände Verstecken und Fangen. Dabei kam es jedoch bei den letzten Malen zu ordentlichen Streitigkeiten zwischen ihm und seinen beiden Freunden Bekir (5;8) und Nico (5;3). Benny wollte nie der Fänger sein und wenn er sich einsichtig zeigte und auch einmal die anderen beiden sich verstecken ließ, wurde er umso wütender, wenn er sie nicht auf Anhieb finden konnte oder sie ihm dann doch zu schnell wegliefen. Dabei schleuderte er Bekir einmal so zu Boden, dass dieser sich dabei beide Knie aufschlug. Bei der Aufforderung, sich bei Bekir zu entschuldigen, wurde Benny noch wütender und fing auch noch lauthals an zu weinen. Irgendwie hatte ich das Gefühl, dass er seine Fehler nicht einsehen wollte oder vielleicht auch nicht konnte.

Diese Woche hat es die ganzen Tage über nur geregnet, sodass wir kaum nach draußen gehen konnten. Benny verlagerte sein Lieblingsspiel darum gerne in die Gruppenräume, in denen jedoch nicht gerannt und schon gar nicht getobt werden soll. Mehrmals wurde er von meinen Kolleginnen ermahnt, bis er dann am Ende jeden Vormittages mal wieder zu einer Auszeit im Nebenraum verdonnert wurde. Da saß er dann bockig und würdigte uns danach keines Blickes. Die nächste Auseinandersetzung ließ dann jedoch nicht lange auf sich warten ...

Eigentlich komme ich mit ihm ganz gut zurecht, wenn er nicht mal wieder seine Ausraster hat. Benny hat viel Witz und Charme und hilft auch gerne hier und da mit. Er zeigt auch viel Interesse daran, was im Kita-Alltag so passiert, und sucht oft auch die Nähe zu mir. Mir tut er auch wirklich leid, denn er hat es zu Hause auch nicht leicht. Als Jüngster von vier weiteren Kindern aus verschiedenen Beziehungen in einer Patchwork-Familie zu leben und sich durchsetzen zu müssen, ist sicherlich nicht leicht für ihn.

„Der ist doch voll gestört, da kannst du mir sagen, was du willst", meinte gestern die andere Praktikantin aus der Parallelklasse noch zu mir. So etwas zu hören, macht mich echt traurig. Ich würde Benny gerne helfen. Nur wie?

B Handlungsorientierte Aufgaben

1. Aufgabe
Wie äußert sich Bennys Verhalten? Was stimmt die Praktikantin Karin traurig?
Beschreiben Sie Bennys Verhalten und die damit einhergehenden Probleme.

2. Aufgabe
Was sollte Karin wissen und können, um Benny weiterhin besser zu unterstützen?
Formulieren Sie, welche Fähigkeiten und Fertigkeiten (➔ Können) und welche konkreten Inhalte und Wissensbereiche (➔ Wissen) sich Karin aneignen sollte.

Das sollte Karin können ...	Das sollte Karin wissen ...

3. Aufgabe

Wie ist die Aussage der anderen Praktikantin, Benny sei gestört, einzuschätzen? Wie sollte Karin sich zukünftig Benny gegenüber verhalten?
Geben Sie eine Einschätzung zu Bennys Verhaltenstyp ab und zeigen Sie sinnvolle pädagogische Handlungsmöglichkeiten im Umgang mit ihm auf.

B Handlungsorientierte Aufgaben

4. Aufgabe
Wie kann Karin die Wirksamkeit ihres erzieherischen Handelns überprüfen?
Stellen Sie die im Tagebucheintrag beschriebenen Konfliktsituationen nach und erproben Sie darin Ihre erarbeiteten Handlungsmöglichkeiten.

TIPPS — So geht's in der Praxis

In der pädagogischen Arbeit begegnen Kinderpflegekräften einer Vielzahl an Kindern mit unterschiedlichen Charakteren und Temperamenten. Mit bestimmten Verhaltensweisen, die eher introvertierte Individuen, also in sich gekehrte und stark zurückhaltende Kinder, an den Tag legen, kann das pädagogische Personal meist besser umgehen als mit den stark nach außen gerichteten und körperbetonten Handlungen eher impulsiver und extrovertierter Kinder. Häufen sich unangebrachte Verhaltensweisen zunehmend oder halten diese über einen längeren Zeitraum an, ist von Verhaltensauffälligkeiten die Rede. Die Abgrenzung zu tatsächlich vorliegenden Verhaltensstörungen fällt vielen pädagogischen Fachkräften schwer. Wichtig ist es darum, das Kind intensiv in vielfältigen Situationen zu beobachten und in stetigem Austausch mit seinem Team zu stehen, um dauerhaft den Blick auf die Stärken des Kindes zu richten und passende Handlungsstrategien zu nutzen, die den Umgang mit seinen eher ungeliebten Seiten erleichtern können.

Inhalte aus dem Band „Kinderpflege – Sozialpädagogische Theorie & Praxis" zum Themenkomplex „Erziehung unter besonderen Bedingungen"	
Grundlegendes zu Verhaltensstörungen bei Kindern (→ ab S. 326)	☐
Der Unterschied zwischen Verhaltensauffälligkeiten und Verhaltensstörungen (→ ab S. 328)	☐
Ursachen von Verhaltensstörungen (→ ab S. 329)	☐
Verhaltenstipps zur Reaktion auf Verhaltensstörungen (→ ab S. 333)	☐
Ausgewählte Verhaltensstörungen (→ ab S. 333)	☐

C
Lernen lernen

1 Was ist lernen?

1.1 Der Begriff „Lernen"

Unter dem Begriff „Lernen" wird das Aufnehmen, Verarbeiten und Umsetzen neuer Informationen verstanden. Lernen ist demnach ein **lebenslanger Prozess**, der zu Veränderungen im Verhalten führt und auf gewonnene Erfahrungen aufbaut. Dieser Änderungsprozess erfolgt – im Gegensatz zur Reifung oder Prägung – durch Übung.

Was wir beim Lernen aufnehmen und wie tief es sich einprägt, ist abhängig von
- Emotionen,
- Motivationen,
- Lernbedingungen und
- der Struktur unseres Gedächtnisses.

Hierbei lassen sich zwei Formen des Gedächtnisses unterscheiden:
- **explizites Gedächtnis:** speichert bewusst erinnertes Sachwissen
- **implizites Gedächtnis:** speichert (häufig nicht bewusst erinnertes) Verhalten und Handlungswissen

1.2 Physiologische Grundlagen des Lernens

Die Speicherung und Verarbeitung von Informationen findet im Gehirn statt. Die Informationen kommen dabei über die verschiedenen Sinneskanäle (Ohr, Nase, Auge etc.) in unser Gehirn. Je mehr Sinne bei der Informationsaufnahme gleichzeitig beteiligt sind, desto besser können wir uns Einzelheiten merken. Das Gehirn speichert das Gelernte ab und je häufiger es trainiert wird, desto leichter gelingt ihm die Speicherung.

Im Gehirn sind Milliarden von Nervenzellen für die Informationsverarbeitung zuständig. Sie sind untereinander verbunden und kommunizieren über elektrische Ströme miteinander. Die Verbindungen (**Synapsen**) zwischen den Nervenzellen sind vergleichbar mit Wegen oder Straßen zwischen zwei Orten. Wenn im Wald viele Menschen über einen Pfad laufen, dann wird dieser immer breiter und irgendwann baut man dort vielleicht eine Straße, weil die Strecke so wichtig ist. Ähnlich funktioniert es mit den Nervenbahnen in unserem Gehirn. Wenn wir etwas mehr lernen bzw. öfter **wiederholen**, dann entsteht eine bessere Nervenverbindung.

Das menschliche Gehirn besteht aus zwei symmetrischen **Großhirnhälften**, die durch einen Balken miteinander in Verbindung stehen und Informationen austauschen. Jede dieser Hälften arbeitet auf eine andere Weise. Sehr oft benutzen wir aber vor allem die linke Hirnhälfte, welche eher für das begriffliche, logische Denken und für das Merken von Einzelheiten zuständig ist. Die rechte Hirnhälfte ist überwiegend für Zusammenhänge und bildliches Denken zuständig. Zu beachten ist jedoch, dass das Gehirn über eine gewisse innere Flexibilität verfügt, die es ihm ermöglicht, Ausfälle von Hirnarealen an anderer Stelle zu übernehmen.

> **Die Verknüpfung und Nutzung der sich ergänzenden Hirnhälfte ist bei jedem Menschen anders und führt somit zu einer individuellen Wahrnehmung. Für alle Menschen gilt, dass beim Lernen immer beide Hirnhälfte aktiviert werden sollten, um das Lernen zu verbessern.**

Menschen mit einer Linkshirndominanz	Menschen mit einer Rechtshirndominanz
▪ können sich sprachlich gut ausdrücken. ▪ können sehr gut mit Symbolen (Zahlen, Buchstaben, Rechenzeichen) umgehen. ▪ sammeln alle ihnen verfügbaren Fakten, bevor sie eine Entscheidung fällen. ▪ haben eine große Sachkenntnis. ▪ können ihre Gedanken gut zu Papier bringen, beginnen eine Sache geradlinig von Anfang an, bleiben dabei, bis sie ein logisches Ergebnis haben.	▪ lassen sich eher von ihren Gefühlen leiten. ▪ haben eine große Fantasie. ▪ schweifen während eines Vortrages schnell mit den Gedanken vom Thema ab, besonders wenn der Vortragende sein Thema nicht visualisiert. ▪ werden von Mustern, Farben und Formen stark angesprochen. ▪ verstehen Körpersprache, erfühlen Gedanken. ▪ müssen Dinge anfassen bzw. eine Sache tun, damit sie sie verstehen.

[1] Links- und Rechtshirndominanz

1.3 Lernvoraussetzungen

Lernvoraussetzungen sind wichtige Rahmenbedingungen, die ein gutes und erfolgreiches Lernen ermöglichen. Dabei sind die einzelnen Lernvoraussetzungen individuell an das eigene Lernverhalten anzupassen.

1.3.1 Gezielte Wahrnehmung

Wahrnehmung ist eine Grundvoraussetzung zum Lernen. Die Informationen, aus denen der Lernstoff besteht, gelangen nicht automatisch ins Gehirn. Vielmehr muss der Lernstoff bewusst und gezielt aufgenommen werden. Was nicht wahrgenommen wird, kann nicht gelernt werden, oder was unklar wahrgenommen wird, führt möglicherweise zu einem falschen Verständnis des Lernstoffs.

Verbessern kann man die Wahrnehmung und damit auch das Gedächtnis, wenn drei Einzelfähigkeiten trainiert werden:

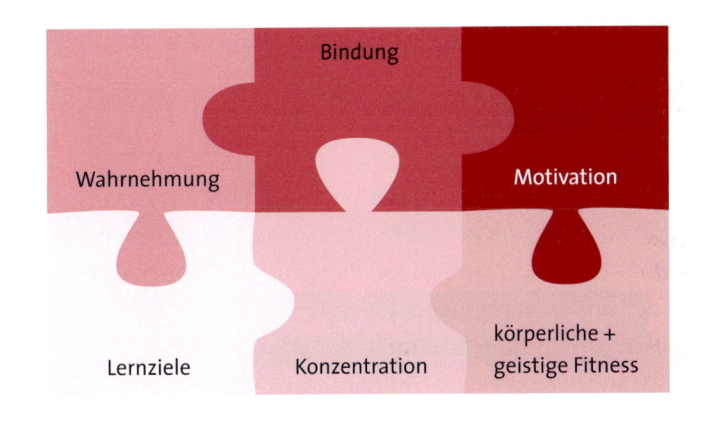

[2] Puzzle der Lernvoraussetzungen

Aufmerksam sein	▪ Richten Sie Ihre volle Aufmerksamkeit auf das, was Sie lernen wollen. ▪ Üben Sie dieses in Alltagssituationen, z. B. bei Gesprächen oder tauschen Sie sich mit anderen z. B. nach einer Unterrichtsstunde darüber aus, was Sie und Ihre Gesprächspartner verstanden haben.
Assoziieren	▪ Bilden Sie sooft wie möglich Assoziationen. ▪ Dabei kann Neues mit bereits Bekanntem verbunden werden. Anknüpfungspunkte können entweder Ähnlichkeiten (Analogien) oder Unterschiede (Differenzen) sein.
Visualisieren	▪ Verbessern Sie Ihre Vorstellungskraft und entwickeln Sie innere Bilder zu allem, was Sie lesen oder hören. ▪ Ein solches bildhaftes Denken steigert die Merkfähigkeit von Informationen und kann durch entsprechende Übungen gelernt werden.

[3] Fähigkeiten zur Verbesserung der Wahrnehmung

1.3.2 Bindung und soziales Umfeld

Obwohl jeder Mensch auch eigenständig und für sich allein lernt, sind bei fast jedem Lernprozess andere Personen beteiligt, die einem etwas erklären, Mut zusprechen oder einfach nur bei der Prüfung die Daumen drücken und an einen denken.

Menschen lernen in ihrem sozialen Umfeld nicht nur **voneinander**, sondern auch **miteinander**. Dabei hat insbesondere die Bindung eines Menschen an eine Bezugsperson eine besondere Bedeutung. Durch die Bindung an eine Person erhalten wir Rückmeldung, Korrektur, Unterstützung oder Mut und Zuversicht, es noch einmal zu versuchen. Zudem wird dadurch die Bedeutung der Emotionalität im Lernprozess verstärkt, die eine hemmende oder fördernde Wirkung haben kann.

> **Nur dann kann erfolgreich gelernt und gelehrt werden, wenn eine vertrauensvolle Bindung zwischen dem Lernenden und dem Lehrenden besteht.**

Für ein erfolgreiches Lernen braucht man **Lernpartner**, Personen, mit denen man über den Lernstoff reden und Fragen klären kann, aber auch Personen, die emotional unterstützen, wenn man beim Lernen oder vor Prüfungen den Mut und die Sicherheit verloren hat. Hierbei braucht man Lernpartner, zu denen eine offene und partnerschaftliche Beziehung besteht, und keine Person, die nur belehren will.

1.3.3 Motivation

Sich für ein Lernziel zu motivieren, ist oft ein Zusammenspiel verschiedener Faktoren. Denn besonders wenn es darum geht, ein mittelfristiges Ziel zu erreichen, braucht man eine gute Portion Motivation, um Durststrecken auf dem Weg zum Ziel zu überwinden. Daher sollten folgende drei Komponenten für ein Lernvorhaben überlegt und beachtet werden:
- Ein Lernvorhaben braucht ein attraktives **Ziel**.
- Man sollte sich konkret damit auseinandersetzen, **wie das Ziel erreicht werden kann**.
- Man sollte sich mit den **Emotionen und Gefühlen**, die das Lernvorhaben begleiten, auseinandersetzen.

Was einen wirklich interessiert, das erreicht man meistens, auch wenn es manchmal noch so schwierig ist. Die Begeisterung und Motivation für ein attraktives Ziel ist dabei der Motor für erfolgreiches Lernen. Sinnloses Lernen ist dagegen eine bleierne Angelegenheit, für die es schwerfällt, Energie aufzubringen. Lernziele müssen daher mit den eigenen persönlichen Einstellungen, Interessen und Vorstellungen im Einklang stehen.

Motivierende Lernziele sollten
- erstrebenswert sein,
- einen Sinn haben,
- mit einem persönlichen Interesse verbunden sein und
- eine klare Zielsetzung haben.

Erfolge zu haben oder auch einfach Misserfolge zu verhindern, können mögliche **Motive** sein, beide erhöhen die Bereitschaft, Leistung zu erbringen. Natürlich setzt dabei das Motiv, Erfolg zu haben, wesentlich leichter die nötige Energie frei. Lernen aus Furcht und Angst ist neuropsychologisch kaum möglich.

Zielorientiertes Denken hilft, Probleme als ein Zwischenstadium auf dem Weg zu einem attraktiven Ziel zu sehen und damit zu überwinden.

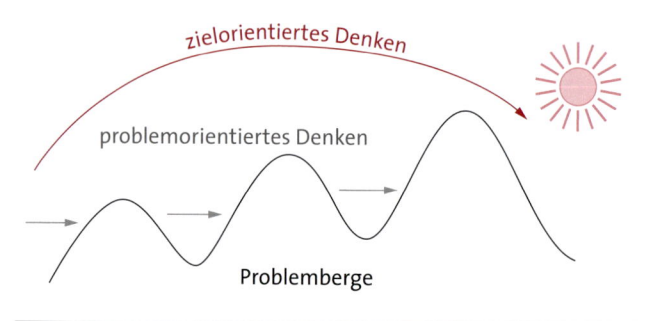

[1] Zielorientiertes Denken

Für die Verstärkung der eigenen Ziele bietet sich besonders die Methode der **Zielvisualisierung** an, bei der man sich den gewünschten Zielzustand in Worten und Bildern ausmalt und damit Energie mobilisiert.

Bei der Motivation werden zwei Arten unterschieden:
- intrinsische Motivation (entsteht aus innerem Antrieb, z. B. durch den Wunsch nach Selbstverwirklichung, Unabhängigkeit oder durch Neugier)
- extrinsische Motivation (wird durch äußere Faktoren hervorgerufen, z. B. Gehaltserhöhung, Lob, Annerkennung)

Eine weitere wichtige Voraussetzung zum Lernen und Erreichen gesetzter Ziele ist das Vertrauen auf die eigenen Fähigkeiten und darauf, dass die Situation mit entsprechendem Einsatz gelöst oder bestanden werden kann. Dazu ist es wichtig, ein **realistisches Bild von sich selbst** zu haben und seine eigenen Kompetenzen einschätzen zu können. Hierbei sind gute Lernpartner hilfreich und wichtig und auch der Blick zurück auf das, was man bereits schon erreicht hat.

1.3.4 Konzentration

Die Fähigkeit, sich konzentrieren zu können, ist ebenfalls eine wichtige Voraussetzung für ein gut funktionierendes Gedächtnis und das Lernen von neuen Inhalten. Konzentration umfasst
- die Fähigkeit, eine klar beschriebene Aufgabe über einen bestimmten Zeitraum hinweg sorgfältig und zügig ausführen zu können.
- sorgfältiges und genaues Wahrnehmen, Beobachten und Zuhören.
- die Lenkung der Aufmerksamkeit auf nur einen einzelnen Punkt, ohne sich von äußeren Einflüssen ablenken zu lassen.
- Ausdauer, beispielsweise wenn es darum geht, bei einer langweiligen, aber notwendigen Sache zu bleiben, oder wenn man der Lösung einer Aufgabe nicht sofort auf die Spur kommt und dennoch so lange daran weiterarbeitet, bis man sie doch gefunden hat.

Die Ursachen für eine zeitweilige **Beeinträchtigung der individuellen Konzentrationsfähigkeit** können vielfältig sein.

Reizüberlastung	durch externe Störungen (Telefon, häufige Arbeitsunterbrechungen, störende Umgebungsgeräusche); sinnvoll sind eine Störungsanalyse und eine darauf abgestimmte Arbeits- und Lebensplanung
Arbeitsüberlastung und Überforderung	führen häufig zur Steigerung des Arbeitstempos und dem Erledigen mehrerer Tätigkeiten gleichzeitig; Analyse der eigenen Tätigkeiten (besseres Zeitmanagement, Zurückweisen unrealistischer Erwartungen)
Körperliches Unwohlsein	aufgrund von Krankheit, Bewegungs-, Schlafmangel oder ungesunder Ernährung
Psychisches Unwohlsein	z. B. Stress, Angst, Sorgen oder Frustration; hilfreich ist es, neben körperlicher Entspannung neue Denk- und Verhaltensweisen zu entwickeln
Monotonie, Langeweile und Unterforderung	führen dazu, dass Tätigkeiten automatisch und abwesend ausgeführt werden; hiergegen hilft Abwechslung, Steigerung des Tempos und der Aktivität (z. B. Nachfragen in Vorträgen)

[2] Gründe für Konzentrationsschwierigkeiten

Konzentration lässt sich fördern durch
- Anpassung der Lernaufgaben an den persönlichen **Leistungsrhythmus**,
- eine **ausgewogene Ernährung**,
- ausreichend **Bewegung** und
- **Entspannung**.

Hilfreich sind zudem ein aufgeräumter Arbeitsplatz, das Beginnen mit leichtem Lernstoff sowie regelmäßige Pausen.

2 Informationen strukturieren

2.1 Informationen sammeln

Um sich auf eine Prüfung oder ein Referat gut vorzubereiten, sind die richtigen und passenden Informationen erforderlich. Die Kunst dabei ist es, die erforderlichen Informationen zum richtigen Zeitpunkt zu haben und aus der Vielzahl der möglichen Informationen die richtigen auszuwählen.

Grundlegend geht es zunächst darum, festzulegen, wofür die Informationen benötigt werden, wie also der **persönliche Informationsbedarf** aussieht. Um hierüber Klarheit zu erlangen, ist es hilfreich, sich die folgenden Fragen zu stellen:
- Zu welchem Thema werden Informationen benötigt?
- Für welchen Anlass werden die Informationen gebraucht (z. B. Informationsauffrischung, Prüfung)?
- Welche Art von Informationen wird dafür benötigt?

Häufig reicht es nicht aus, sich beim Lernen auf eine einzige Quelle zu konzentrieren (etwa das in der jeweiligen Schule gängige Lehrbuch). Bei Bedarf sollte Fachliteratur hinzugezogen werden. Um die richtige Literatur zu finden, gibt es im Unterricht und in Lehrbüchern Literaturhinweise oder Empfehlungen.

Quellen zur Sammlung von Informationen sind z. B.:
- ausbildungsspezifische Literatur
- Fachbücher (z. B. in Bibliotheken)
- Zeitungs- und Zeitschriftenartikel
- Internet (z. B. Mediatheken von Fernsehsendern)
- Experten, Lehrende und Kolleginnen

Recherche in Bibliotheken	<ul><li>Welche Literatur wofür?</li><li>zum Einstieg in eine Thematik: Fachlexikon oder Enzyklopädie</li><li>für aktuelle Informationen oder Vertiefung in Spezialthemen: Fachzeitschriften, aktuelle Zeitungsartikel</li><li>für grundlegende Auseinandersetzungen über ein bestimmtes Thema: Fachliteratur, Originalliteratur</li><li>Wer/was hilft bei der Recherche?</li><li>wissen, wonach genau man sucht</li><li>Mitarbeiter von Bibliotheken</li><li>Autorenkataloge, wenn der Autor bereits bekannt ist</li><li>Sachkataloge, um Texte zu einem bestimmten Themengebiet, Stichwort oder Schlagwort zu finden</li></ul>
Recherche im Internet	<ul><li>oberflächliches Suchen reicht nicht aus, da 90 % der Informationen im Internet als Datenmüll bezeichnet werden können</li><li>Menge an Treffern kann durch die richtigen Suchbegriffe gesteuert und reduziert werden</li><li>gefundene Dokumente müssen nach bestimmten Kriterien (siehe Tabelle unten) kritisch beurteilt werden</li></ul>

[1] Quellen zur Literaturrecherche

Anhand der folgenden Kriterien kann die **Brauchbarkeit und Qualität von Texten** überprüft werden. Die Bewertung und Gewichtung der Antworten auf die genannten Fragen hängt davon ab, wofür der Text benötigt wird.

Überprüfungskriterien	Erläuterung der Kriterien
Herkunft des Textes	- Kann durch die Herkunft erschlossen werden, wie gut der Text ist? - Texte aus Bibliotheken oder Zeitschriften sind bereits überprüft. Texte auf Homepages von Universitäten und wissenschaftlichen Instituten lassen meist auf eine hohe Qualität schließen.
erster Eindruck	- Wie brauchbar und interessant erscheint die Seite, der Text? - Prüfen der Struktur: Aufbau und Übersichtlichkeit, Überschriften.
Zielgruppe	- Ist der Text bzw. die Seite für Laien oder Experten verfasst? - Ist es ein Angebot, mit dem Geld verdient werden soll?
Inhalt	- Sind die beschriebenen Informationen für die Fragestellung wichtig und glaubwürdig?
Verständlichkeit	- Wie verständlich und wie gut nutzbar ist der Text?
Aktualität	- Wie aktuell sind die Daten des Dokumentes? - Wann wurde der Text verfasst?
Fachkenntnis	- Wer ist für den Inhalt der Seite verantwortlich? - Welche Erfahrungen können die Verfasser vorweisen? - Welches Ziel verfolgen sie? - Welcher Institution gehören sie an?
Objektivität	- Wie klar und fundiert ist die Meinungsbildung der Verfasser? - Werden unterschiedliche Aspekte, Ansichten und Informationsquellen, Literaturangaben und Verweise erbracht?
Glaubwürdigkeit	- Wie glaubwürdig sind die Inhalte und Zusammenhänge? - Welche Quellen wurden verwendet?
visuelle Darstellung	- Wie sind die Inhalte aufbereitet (z. B. Grafiken, Statistiken, Fotos, Bilder)?
Verlinkung	- Mit welchen Internetseiten sind die Inhalte verknüpft und was sagt das über die Inhalte aus?

[2] Kriterien zur Überprüfung der Brauchbarkeit und Qualität von Texten

Achten Sie darauf, dass Sie immer mehrere Quellen miteinander vergleichen.
Die Quellen können außerdem ergänzt und gegenübergestellt werden.

Ihr Informationsbedarf verändert sich ständig. Auch bei den Informationsquellen kommen neue dazu und alte verschwinden. **Überprüfen** Sie fortlaufend, ob sich Ihr derzeitiger Informationsbedarf mit den vorhandenen Informationsquellen deckt.

Dokumentieren Sie Ihre Quellen (bei Printmedien z. B. in einer Excel-Datei, bei Internetseiten als Lesezeichen im Internet-Browser). Gehen Sie dabei systematisch vor, denn so erleichtern Sie sich das spätere Wiederfinden Ihrer Dokumente. Es ist z. B. sinnvoll, die Ablagestruktur auf dem Computer analog für Dokumente in Papierform aufzubauen.

2.2 Informationen verarbeiten und gliedern

Für den Umgang mit Fachliteratur bieten sich verschiedene **Lese- und Markierungstechniken** an. Hilfreich ist die Fünf-Schritt-Lese-und-Erarbeitungstechnik:

1. Überblick verschaffen
Überfliegen Sie den Text mit Blick auf Kapitelüberschriften, Untertitel, Zusammenfassungen oder Hervorhebungen im Fließtext.

2. Fragen stellen
Nachdem Sie den Text überflogen haben, formulieren Sie konkrete Fragen an den Text. Überlegen Sie sich, was Sie besonders interessiert und ob der Text neue Informationen bzw. Aspekte bringt.

3. Detaileinformationen aufnehmen
Lesen Sie den Text im Hinblick auf Ihre Fragen. Markieren oder notieren Sie Kernaussagen, überlegen Sie, ob Sie den Text verstanden haben, und schlagen Sie Fachwörter nach.

4. Überdenken, was wichtig ist, und zusammenfassen
Rufen Sie sich nach jedem längeren Abschnitt das Gelesene ins Gedächtnis und halten Sie das Wesentliche in Stichworten fest. So reduzieren Sie die Informationen sinnvoll.

5. Notizen überprüfen und reflektieren
Wichtige Fragestellungen hierfür sind z. B.: „Was wurde Neues erarbeitet?", „Welche Zusammenhänge konnten erschlossen werden?", „Was ist für mich besonders wichtig?"

Beim Markieren, z. B. mit einem Textmarker, oder beim Herausschreiben aus Texten gilt: „Weniger ist mehr." Wenn mehr als 20 % des Textes markiert sind, wird es unübersichtlich. Das Markieren eines Textes gilt natürlich nur für Textkopien oder eigene Materialien.

Die **Dokumentation von Fachinformationen** erfolgt z. B. durch:

Exzerpte	Das Aufzeichnen, auch Exzerpieren genannt, dient dazu, wichtige Aussagen oder Gedankengänge schriftlich festzuhalten. Diese gegenüber dem Markieren aufwendigere Methode ist vor allem dann sinnvoll, wenn mit den Textauszügen weitergearbeitet werden soll, wie z. B. für einen Fachvortrag. Unterschieden wird zwischen ▪ wörtlichen Exzerpten (Zitate, werden häufig bei Vorträgen oder wissenschaftlichen Abhandlungen verwendet; hierbei ist auf Zitierregeln zu achten), ▪ sinngemäßen Exzerpten (Gedankengänge des Autors werden mit eigenen Worten wiedergegeben) und ▪ Übersichtsexzerpten (wichtigste Punkte der Gliederung, wesentliche Gedanken und Anregungen werden auf wenigen Seiten wiedergegeben).
Mitschriften und Protokolle in der Schule	Mitschriften im Unterricht (siehe Abbildung auf der nächsten Seite) oder bei einer Gruppenarbeit sind ein erster Schritt der Informationsverarbeitung. Mitgeschrieben werden Informationen, ▪ die evtl. nur an dieser Stelle in dieser Form vermittelt werden, ▪ auf die die Vortragenden ihre Betonung legen, ▪ die für den eigenen Lernprozess oder bestimmte Themengebiete, mit denen man sich auseinandersetzt, relevant sind, ▪ wie z. B. Grundaussagen, Schwerpunkte, Fachbegriffe und Definitionen, ▪ wie z. B. wesentliche Argumente, die die Sprechenden zu ihrer Sicht veranlassen, ▪ wie z. B. Daten, die das Dargestellte unterstreichen und untermauern, ▪ wie z. B. Entscheidungen, die gefällt wurden, und Arbeitsaufträge.

[1] Dokumentation unterschiedlicher Fachinformationen

Sitzungs- und Arbeitsprotokolle	Bei Protokollen von Sitzungen oder Gruppenarbeiten werden notiert: ▪ die Namen der Anwesenden ▪ die wesentlichen Inhalte ▪ wer welche Aufgaben übernommen hat und bis wann diese zu erledigen sind ▪ welche Beschlüsse gefasst wurden Ein Ergebnisprotokoll enthält nicht jeden einzelnen Schritt der Sitzung, sondern die wesentlichen Beiträge, Erkenntnisse und Pläne in Stichpunkten oder Sätzen und kann nach einer inhaltlichen Logik angeordnet sein. Das Protokoll wird häufig als Einstieg in die nächste Sitzung besprochen. Fehler oder Missverständnisse werden umgehend verbessert.
Schriftliche Praktikumsberichte	Inhalte und Länge von Praktikumsberichten variieren und hängen z. B. von der Dauer des Praktikums oder auch der Einrichtung ab. Häufig wiederkehrende Inhalte eines Praktikumsberichtes sind: ▪ Deckblatt ▪ Inhaltsverzeichnis ▪ Praktikumsbescheinigung ▪ Kurzbeschreibung der Praktikumsinstitution (z. B. Aufgabenstellung, Kontaktpersonen, Ziele, Zielgruppe, Größe, Personalstruktur, Träger, Besonderheiten) ▪ Begründung der Praktikumsauswahl ▪ Beschreibung der Praktikumsaufgabe ▪ persönliche Erfahrungen ▪ Reflexion von Lernergebnissen, Erkenntnissen, erworbenen Kompetenzen, aber auch von Problemen in der Aufgabenerfüllung ▪ offene Fragestellungen, selbst gestellte Aufgaben für kommende Einsätze oder andere Konsequenzen für das persönliche Handeln ▪ evtl. Literatur- oder Quellenverzeichnis

[1] Fortsetzung: Dokumentation unterschiedlicher Fachinformationen

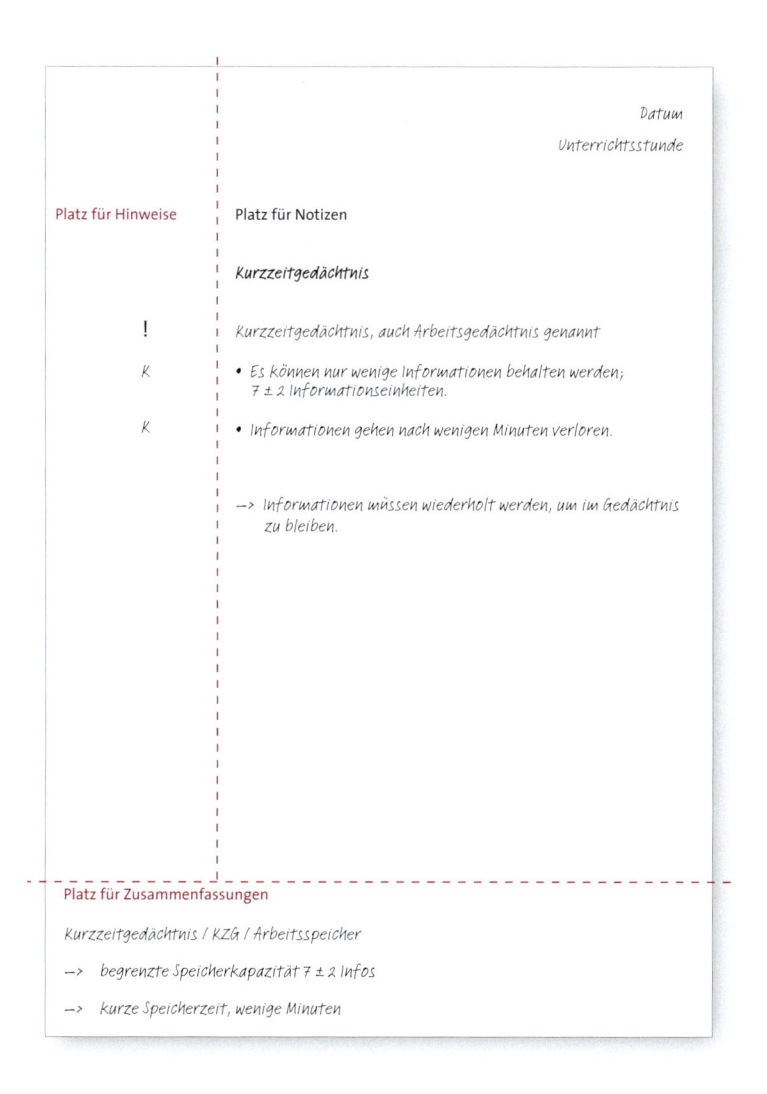

Datum
Unterrichtsstunde

Platz für Hinweise | Platz für Notizen

Kurzzeitgedächtnis

! | *Kurzzeitgedächtnis, auch Arbeitsgedächtnis genannt*

K | • *Es können nur wenige Informationen behalten werden; 7 ± 2 Informationseinheiten.*

K | • *Informationen gehen nach wenigen Minuten verloren.*

→ *Informationen müssen wiederholt werden, um im Gedächtnis zu bleiben.*

Randsymbole
! wichtig
? nicht verstanden, noch klären
K Kernaussage/Definition
B Beispiel
✓ habe ich verstanden

Platz für Zusammenfassungen

Kurzzeitgedächtnis / KZG / Arbeitsspeicher
→ *begrenzte Speicherkapazität 7 ± 2 Infos*
→ *kurze Speicherzeit, wenige Minuten*

[2] Beispiel einer Mitschrift

3 Lernen organisieren

3.1 Lerntypen und Lernkanäle

Zum Lernen gebrauchen wir unsere Sinnesorgane, über die der Lernstoff nach der Verarbeitung in unser Gedächtnis gelangt. Da die Sinnesorgane bei jedem Menschen unterschiedlich stark ausgeprägt sind, ist auch die Aufnahme von Informationen und Reizen über diese Kanäle individuell verschieden.

Dies hat zur Folge, dass es unterschiedliche Lerntypen gibt:

Lerntyp	Erläuterung	Lernhilfen
auditiv	Lernen durch Hören	Hörbücher, Gespräche, Vorträge, Musik, ruhige Umgebung
visuell	Lernen durch Sehen	Bücher, Skizzen, Bilder, Lernposter, Mindmaps, Videos, Lernkarteien
kommunikativ	Lernen durch Gespräche	Dialoge, Diskussionen, Lerngruppen, Frage-Antwort-Spiele
motorisch	Lernen durch Bewegung („Learning by Doing")	(rhythmische) Bewegungen, Nachmachen, Gruppenaktivitäten, Rollenspiele

[1] Lerntypen und entsprechende Lernhilfen

Aber niemand lernt nur mit einem Sinn. Letztlich sind alle Menschen Mischtypen und es empfiehlt sich, beim Lernen möglichst viele Sinne anzusprechen, das heißt die Lernkanäle miteinander zu kombinieren.

3.2 Lern- und Arbeitstechniken

3.2.1 Zeitmanagement

Besonders in der Ausbildung ist es wichtig, Lernen, Arbeiten und Freizeit optimal zu organisieren. Ein gutes Zeitmanagement hilft, die Zeit optimal zu nutzen, dabei den Überblick zu behalten und sich auf die wichtigen Aufgaben zu konzentrieren.

Grundprinzipien des Zeitmanagements sind:

Schriftlich planen	■ zehn bis 15 Minuten **Planungszeit** am Anfang des Tages einplanen › verschafft den nötigen Überblick und das Gefühl, alles im Griff zu haben ■ wichtig ist, alle anstehenden Aufgaben schriftlich zu planen › der Kopf wird entlastet, man wird nichts mehr vergessen und man wird immer rechtzeitig an die zu erledigenden Aufgaben erinnert
Nach dem eigenen Biorhythmus arbeiten	■ sog. „Lerchen" haben das Gefühl, morgens am produktivsten zu sein, „Nachteulen" haben eher nachmittags und abends ihre arbeitsintensivste Phase ■ den eigenen Biorhythmus beobachten hilft, die persönlich beste Lernzeit herauszufinden
Zwischen Terminen und Aufgaben trennen	■ feststehende **Termine** sollten in einem Kalender, den man immer bei sich hat (z. B. Jahreskalender mit Wochen- oder Tageseinteilung, Smartphone), geführt werden ■ Termine können Meilensteine (z. B. bis wann eine bestimmte Teilaufgabe erledigt sein soll) oder aber auch konkrete Endtermine sein ■ zu erledigende **Aufgaben** werden am besten in einer fortlaufenden **To-do-Liste** geführt, die als loses Blatt einen festen Platz im Kalender hat (umfangreiche und komplexe Aufgaben dabei in möglichst kleine und überschaubare Arbeitspakete unterteilen)

[2] Grundprinzipien des Zeitmanagements

Prioritäten setzen	Um die anstehenden Aufgaben zu priorisieren, sind folgende Fragen bei jeder zu erledigenden Aufgabe zu stellen und entsprechend als A-, B-, C- oder D-Aufgaben zu kennzeichnen:
	▪ Wie **wichtig** ist die Aufgabe? (Was passiert, wenn ich die Aufgabe überhaupt nicht mache?)
	▪ Wie **dringlich** ist die Aufgabe? (Was passiert, wenn ich die Aufgabe heute nicht mache?)
	
	▪ **A-Aufgabe:** sehr wichtig und sehr dringend (z. B. Fachartikel besorgen, Kapitel 1 für Klausur durcharbeiten)
	  ＞ zuerst erledigen
	▪ **B-Aufgabe:** wichtig, im Moment aber nicht dringend (z. B. Handy-Vertrag bis nächste Woche kündigen)
	  ＞ bearbeiten, nachdem alle A-Aufgaben erledigt sind
	▪ **C-Aufgabe:** dringend, längerfristig nicht wichtig (z. B. Blumen gießen, Aufräumen, Einkaufen)
	  ＞ wenn möglich delegieren oder System erarbeiten, wodurch diese Aufgaben schnell und effizient erledigt werden können
	▪ **D-Aufgabe:** weder wichtig noch dringend (eine alte Bekannte mal wieder anrufen)
	  ＞ bewusst streichen oder bewusst genießen	

Wochen- und Tagesplanung	▪ **Wochenplanung** (siehe Abbildung unten): zuerst alle A- und B- Aufgaben in die Zeiträume verplanen, in denen störungsfrei gearbeitet werden kann
	▪ Wochen- und Tagesplanung bei wichtigen Lernprojekten
	▪ **Tagesplanung mit der ALPEN-Methode:**
	  1. Aufgaben, Aktivitäten, Termine aufschreiben
	  2. Länge (Zeitbedarf) der Aufgabe festlegen und notieren
	  3. Pufferzeiten reservieren (für unvorhergesehene, dringliche Aufgaben und Probleme)
	  4. Entscheidungen treffen über die Reihenfolge der Aufgaben, Prioritäten setzen
	  5. Nachkontrolle am Abend: Übertrag Unerledigtes auf den nächsten Tag, Erledigtes abhaken	

Lernpausen einplanen	Folgende Pausen haben sich bewährt: ▪ **Gedankenpause/Verschnaufpause:** Machen Sie alle paar Minuten eine kurze Verschnaufpause, damit Sie das eben Gelernte nachwirken lassen können. ▪ **Minipause:** Machen Sie nach 30 Minuten eine kleine Pause von 3–5 Minuten. Stehen Sie dabei kurz von Ihrem Arbeitsplatz auf und bewegen Sie sich. ▪ **Entspannungspause:** Spätestens nach 1,5–2 Stunden sollten Sie eine Pause von 15–20 Minuten einlegen. Verlassen Sie dabei, wenn möglich, Ihr Arbeitszimmer und tun Sie etwas Angenehmes oder trinken bzw. essen Sie etwas Leichtes. ▪ **Freizeitpause:** Gönnen Sie sich nach 3–4 Stunden Lernarbeit 1–2 Stunden Erholungspause und genießen Sie die freie Zeit mit einer völlig anderen Tätigkeit.	

[2] Fortsetzung: Grundprinzipien des Zeitmanagements

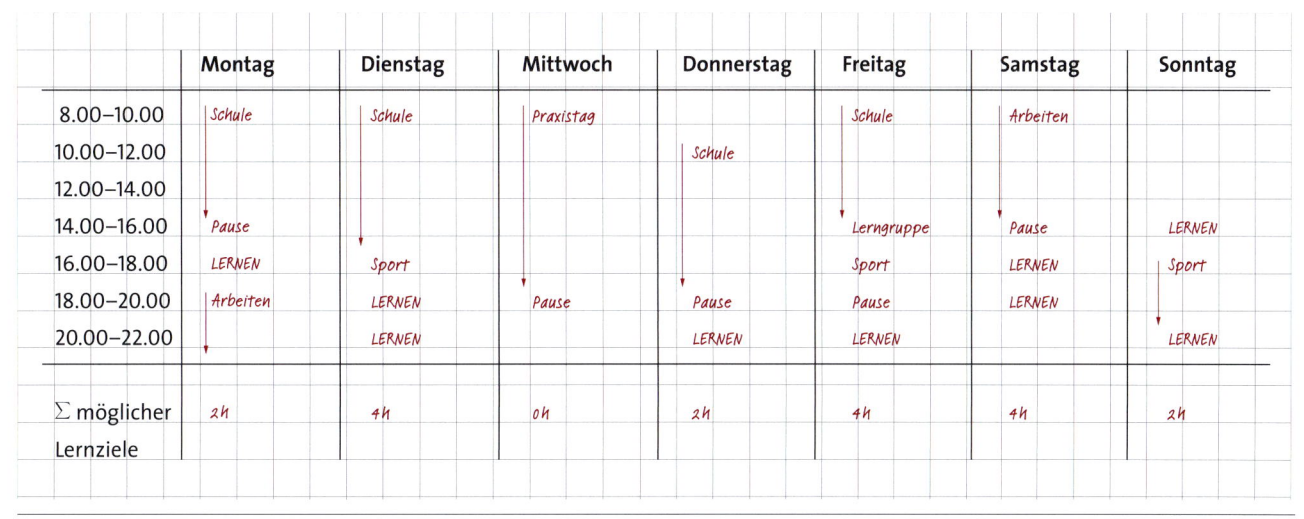

	Montag	Dienstag	Mittwoch	Donnerstag	Freitag	Samstag	Sonntag
8.00–10.00	Schule	Schule	Praxistag		Schule	Arbeiten	
10.00–12.00				Schule			
12.00–14.00							
14.00–16.00	Pause				Lerngruppe	Pause	LERNEN
16.00–18.00	LERNEN	Sport			Sport	LERNEN	Sport
18.00–20.00	Arbeiten	LERNEN	Pause	Pause	Pause	LERNEN	
20.00–22.00		LERNEN		LERNEN	LERNEN		LERNEN
Σ möglicher Lernziele	2h	4h	0h	2h	4h	4h	2h

[3] Wochenarbeitsplan vor einer großen Prüfung

C Lernen lernen

Mein Wochenplan

Uhrzeit	Montag	Dienstag	Mittwoch	Donnerstag	Freitag	Samstag	Sonntag
6.00							
7.00							
8.00							
9.00							
10.00							
11.00							
12.00							
13.00							
14.00							
15.00							
16.00							
17.00							
18.00							
19.00							
20.00							
21.00							
22.00							

[1] Wochenarbeitsplan zur Prüfungsvorbereitung

3.2.2 Gedächtnistechniken

Eine Verbesserung der Gedächtnisleistungen kann sowohl auf der Ebene der Informationsaufnahme, der Informationsspeicherung als auch des Informationsabrufs erfolgen. Verschiedene Techniken, die unter dem Begriff Gedächtnis- oder Memotechniken zusammengefasst sind, können dazu genutzt werden.

Eselsbrücken
Eselsbrücken sind Merksprüche, -sätze, -worte, Reime oder Rhythmen, die mit Bildern oder Symbolen arbeiten. Diese sollten möglichst kreativ sein, damit sie besser im Gedächtnis bleiben.

Wiederholung
Lernstoff muss wiederholt werden, um sich zu festigen. Wiederholungen sind sinnvoll
- kurz nach der ersten Aufnahme der neuen Informationen,
- am darauffolgenden Tag (meist für wenige Minuten, da der Inhalt noch präsent ist),
- nach etwa einer Woche,
- nach etwa einem Monat.

Das Wiederholen sollte angenehm und abwechslungsreich gestaltet werden, indem Sie z. B. sich selbst Fragen stellen, sich von anderen abhören lassen oder aus alten Prüfungsfragen ein Quiz machen.

Loci-Technik
Diese Technik ermöglicht es, sich Begriffe oder Arbeitsabläufe in einer festen Reihenfolge einzuprägen. Erstellen einer Loci-Liste:
1. Plätze festlegen, die einen vertrauten, festen Ablauf darstellen
   (z. B. das morgendliche Aufstehen: Bett > Wecker > Badezimmer > Zeitung > Frühstück)
2. Plätze durchnummerieren und Reihenfolge einprägen
3. für die Punkte auf der Liste, die gemerkt werden sollen, je ein Schlüsselwort oder Symbol aussuchen, zu dem Ihnen eine Bildassoziation einfällt (z. B. Loci-Liste Platz 2: Wecker, zu lernender Begriff: Sicherheitsbedürfnis)
4. Merkliste an die Loci-Liste anhängen und eine deutliche Assoziation herstellen

Lernkartei
Wenn eine große Menge an neuen Begriffen gelernt werden soll (z. B. Vokabeln, Fachbegriffe, Fachkonzepte), kann eine Lernkartei angelegt werden. Für Lernkarteien werden in der Regel Karteikarten im Format DIN A6 verwendet (gegebenenfalls in unterschiedlichen Farben für die einzelnen Fach- oder Themengebiete). Arbeit mit der Lernkartei:
- Fachbegriff oder Fragestellung auf die Vorderseite schreiben, Erklärung oder Kernpunkte der Fragestellung auf die Rückseite
- Lernkarten in einen Zettelkasten mit fünf Registern einordnen
- Lernkarte nehmen, Frage lesen und Antwort überlegen
- Lernkarte umdrehen und gedachte Antwort überprüfen
- bei richtiger Antwort wandert die Lernkarte ins folgende Register
- bei falscher Antwort wandert die Lernkarte ein Register zurück bzw. bleibt in Register eins

Tipps:
- Bearbeiten Sie jeden Tag eine begrenzte Zahl von Lernkarten aus allen Registern.
- Lernen Sie nicht zu viel auf einmal, sondern bearbeiten Sie jeweils mehrere Lernkarten über den Tag verteilt.
- Legen Sie sich entspannt aufs Sofa oder machen Sie dabei einen Spaziergang, wenn sie mit den Lernkarten arbeiten. Auch beim Warten auf den Bus oder ähnlichen Gelegenheiten sollten Sie immer einige Lernkarten dabeihaben.

Chunking
Es ist dem Gedächtnis nicht möglich, eine unüberschaubare Menge an neuen Informationen innerhalb einer kurzen Zeit aufzunehmen. Deshalb gilt es, diese so zu bündeln, dass die Anzahl von Einzelinformationen reduziert wird.
Die Telefonnummer 86492337 merkt sich z. B. leichter in „Zweierpäckchen" (Chunks): 86-49-23-37.

Mindmapping
Eine Mindmap ist eine Gedankenlandkarte und ähnelt in ihrer Struktur den Verknüpfungen in unserem Gehirn. Die Methode hilft dabei, Zusammenhänge übersichtlich darzustellen. Sie eignet sich für sehr viele Aufgaben, wie z. B. Meetings planen und Ergebnisse protokollieren, Informationen sammeln für Präsentationen oder Vorträge, Lernstoff aufbereiten und gliedern.
Erstellen einer Mindmap:
- Nehmen Sie ein unliniertes Blatt quer.
- Schreiben Sie Ihr Thema in die Mitte und umkreisen Sie es.
- Zeichnen Sie rund um dieses Kernwort Linien – „Hauptäste".
- Schreiben Sie auf diese Linien Worte – die ersten, die Ihnen zu Ihrem Kernwort einfallen.
- Zu jedem Wort gibt es weitere Einfälle. Schreiben Sie diese als Stichwörter auf eigene Linien – „Nebenäste".
- Aus jedem Zweig können wiederum neue Zweige für neue Worte wachsen.
- Ordnen Sie die Hauptäste im Uhrzeigersinn um das Kernwort herum.
- Verwenden Sie verschiedene Farben, fügen Sie Pfeile und Symbole ein.

[2] Gedächtnis- und Memotechniken

3.3 Lernen optimal organisieren

3.3.1 Persönliche Lernplanung

Inwieweit ein persönliches Lernvorhaben zum Erfolg führt, hängt von verschiedenen Faktoren ab. In jedem Fall ist ein Lernvorhaben als ein persönliches Projekt zu sehen, das geplant werden muss. Folgende sechs Faktoren sollten für ein gutes Gelingen bei der persönlichen Lernplanung berücksichtigt werden:

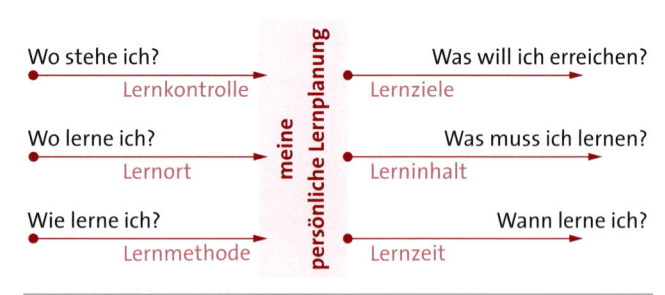

Wo stehe ich?	meine persönliche Lernplanung	Was will ich erreichen?
Lernkontrolle		Lernziele
Wo lerne ich?		Was muss ich lernen?
Lernort		Lerninhalt
Wie lerne ich?		Wann lerne ich?
Lernmethode		Lernzeit

[1] Faktoren der persönlichen Lernplanung

Lernziele geben dem eigenen Lernvorhaben einen Sinn und damit auch eine Richtung. Dabei gilt es, für sich die grundsätzliche Zielsetzung des eigenen Lernvorhabens zu klären, um die nötige Motivation und Ausdauer zu entwickeln.

Aus dieser eher übergeordneten Zielsetzung leiten sich weitere Ziele ab, um das große Ziel zu realisieren. Hierbei ist es wichtig, klare und konkrete Etappenziele zu formulieren, um sich nicht zu verzetteln und den Überblick zu behalten. Die einzelnen Ziele sollten dabei konkrete und eindeutige Beschreibungen für einen angestrebten Zustand sein.

Definieren Sie Ihre Ziele nach dem SMART-Prinzip:
- **s**pezifisch (Ziel konkret und positiv formulieren)
- **m**essbar (Erreichen des Ziels messbar formulieren)
- **a**kzeptiert (Ziel muss akzeptabel und motivierend sein)
- **r**ealistisch (Ziel muss erreichbar, aber auch anspruchsvoll sein)
- **t**erminiert (Ziel sollte einen konkreten Endpunkt haben)

Bezüglich der **Lerninhalte** sollte man sich über zwei Aspekte Gedanken machen:
- Was muss ich wissen? (Welche konkreten Inhalte muss ich mir aneignen? Was muss ich lernen?)
- Wie gut muss ich es wissen? (Wie ausführlich muss ich mir das Thema aneignen?)

Ebenfalls zu planen ist die **Lernzeit**, d.h. welcher Lernstoff in welcher Zeit zu erreichen ist. Besonders vor Prüfungen ist dies eine wichtige und grundlegende Voraussetzung. Nachdem das zeitliche Endziel festgelegt ist, wird der Lernstoff in zeitliche Teil- und Zwischenziele untergliedert, die in realistischen Zeitabschnitten erreicht werden können. Hierfür ist eine Wochenplanung und gegebenenfalls eine Tagesplanung mit den entsprechenden Pausenzeiten sinnvoll.

Da jeder Mensch ein anderer Lerntyp ist, ist es zudem wichtig, für sich die passende **Lernmethode** zu finden. Hierbei sollte man seine bisherigen Erfahrungen nutzen, aber auch offen für neue Methoden sein. In manchen Fällen kommt es nicht nur auf die Wahl der passenden Methode an, sondern auch auf die Abfolge, in der sich die Methoden aneinanderreihen.
Aus den folgenden Lernprinzipien sollten Sie diejenigen auswählen, die am besten zum Lernstoff passen und Ihnen am meisten liegen:
- möglichst viele Sinneskanäle beim Lernen aktivieren
- vom Lernstoff Bilder und Assoziationen entwickeln
- Lernstoff kritisch hinterfragen
- vom Gesamtüberblick zum Einzelnen lernen
- Lernstoff strukturieren und übersichtlich gliedern
- Lernstoff mit eigenen Erfahrungen in Verbindung bringen
- Unverständliches nachfragen oder nachschlagen
- Lernstoff in eigene Worte fassen
- Lernstoff in regelmäßigen Zeitabständen wiederholen

Für das erfolgreiche Lernen ist eine passende **Lernumgebung** zu wählen und entsprechend zu gestalten. Optimal gelernt werden kann, wenn z. B.
- alle wichtigen Unterlagen griffbereit und schnell zugänglich sind (Schreibgeräte, Lexika, Büromaterial, Ordner, Karteikarten, Computer mit Internetzugang),
- der Arbeitsstuhl nicht zu unbequem ist,
- ausreichend frische Luft vorhanden ist sowie eine Raumtemperatur herrscht, die knapp unterhalb der Behaglichkeitsgrenze liegt,
- ungestörtes Lernen möglich ist.

Auch **Lernkontrollen** sind in regelmäßigen Abständen notwendig. Hierbei geht es nicht nur darum, zu sehen, was noch nicht „sitzt" und wiederholt werden muss, sondern auch darum, die Fortschritte zu betrachten, die Sie gemacht haben.

Lerndokumentationen (z. B. Lerntagebücher) bieten die Möglichkeit, über Lernfortschritte, Probleme und gegebenenfalls verschiedene Lernmethoden zu reflektieren.

Datum:	Lernzeit:

Lernthema:

Tagesziel:

Woran/womit habe ich gearbeitet?

Was habe ich Neues gelernt?

Womit habe ich Probleme? Welche Fragen habe ich?

Woran werde ich weiterarbeiten? Was werde ich benötigen?

Bemerkung:

[2] Lerntagebuch

3.3.2 Prüfungsvorbereitung

Damit die Prüfungsvorbereitung nicht zu einem unnötigen Stressfaktor wird, ist eine gute und systematische Planung unumgänglich. Ein kurzfristiges „Pauken" unmittelbar vor einer zu erwartenden Prüfung führt selten zu dem erhofften Erfolg.

Wichtige **Schritte einer guten Prüfungsvorbereitung** sind:

Technische Vorbereitung (Zeitbedarf 5 %)	- Besorgen aller benötigten Materialien (Literatur, Bücher, Skripte, Prüfungsfragen oder Klausuren etc.) und der erforderlichen Informationen zur Prüfung (Prüfungsordnung, Termine etc.) - Kontakt zum Prüfer herstellen, um auftretende Fragen zu klären - Hinweise über Prüfungsstil von Mitschülern einholen - Umgebung und Freunde informieren, dass man sich auf eine Prüfung vorbereitet - Analyse bisheriger Prüfungserfahrungen und Ableiten von Konsequenzen - Erstellung eines Zeitplans mit Pufferzeiten und Freizeitblöcken
Informationsaufbereitung (Zeitbedarf 40 %)	- Zusammenstellung der zu bearbeitenden Materialien - Abschätzung der Wichtigkeit einzelner Informationsquellen - Lernstoff „diagonal" durcharbeiten, um sich einen Überblick zu verschaffen - Zusammenfassungen wichtiger Informationen erstellen (Exzerpieren; Mindmap) - gesamten Prüfungsstoff in eine übersichtliche Struktur bringen (Mindmap)
Aneignung des Lernstoffes (Zeitbedarf 20 %)	- einzelne Themenfelder wiederholen - eigene Aufzeichnungen nachlesen - Lerngruppen bilden und Austausch mit Mitschülern - bei schriftlichen Prüfungen Probeklausuren bearbeiten - bei mündlichen Prüfungen Kurzvorträge zu Prüfungsfragen halten - Probeprüfungen zur Wissenskontrolle durchführen
Vertiefung durch Wiederholen (Zeitbedarf 5 %)	- einzelne Themen wiederholen - vor der Prüfung keinen neuen Stoff mehr hinzufügen - für die Prüfung Ruhe und Zuversicht bewahren
Freizeit und Reservezeit (Zeitbedarf 30 %)	- ausreichend Zeit für körperliche Bewegung und Sport einplanen - Pufferzeiten für mögliche Probleme während der Lernphasen planen

[1] Zeitplanung für die Prüfungsvorbereitung

Hilfreich für die Zeitplanung ist es, rückwärts zu planen. Dies bedeutet, vom Termin der Prüfung ausgehend zunächst die Überprüfungszeit, dann die Vertiefungszeit, die Hauptzeit mit der Aneignung und Aufbereitung des Lernstoffs und zuletzt die Vorbereitungsphase zu planen. Ein freier Tag vor der Prüfung sollte ebenfalls eingeplant werden.

4 Lernen in der Gruppe

Neben dem Lernen in Einzelarbeit gibt es immer wieder Anlässe für das Lernen in der Gruppe. Das Lernen im sozialen Austausch beginnt in der Familie und setzt sich in gesellschaftlichen Institutionen wie Kindergarten und Schule fort.

4.1 Vorteile gemeinsamen Lernens

Die Gruppenarbeit hat gegenüber der Einzelarbeit zahlreiche Vorteile:
- Erledigung schwieriger Aufgaben gelingt im Team besser
- Profitieren vom Wissen und der Hilfe anderer
- Kennenlernen neuer Sichtweisen/Perspektiven
- Verpflichtung gegenüber anderen erhöht den Druck mitzuarbeiten und stärkt das Selbstwertgefühl
- befriedigt das menschliche Bedürfnis nach Respekt, Anerkennung und Austausch mit anderen

4.2 Kooperatives Lernen

Arbeitsgruppen bieten die Möglichkeit des kooperativen Lernens. Die Gruppenmitglieder teilen sich eine Gesamtaufgabe auf, lösen diese in Teilaufgaben und verbinden die individuellen Lösungen zu einem Gesamtergebnis. Dem kooperativen Lernen liegen fünf **grundlegende Elemente** zugrunde:
- **positive Abhängigkeit** bewirkt Gemeinschaftsgefühl durch gemeinsames Ziel
- **individuelle Verantwortungsübernahme** jedes einzelnen am Erfolg der Gruppe
- **Prozessreflexion** und gegebenenfalls Verbesserung des Arbeitsprozesses durch die Gruppe
- **soziale Fähigkeiten** ermöglichen eine gute Kommunikation, Vertrauen, konstruktiven Umgang mit Konflikten und Entscheidungsfreudigkeit
- **direkte Interaktion** der Gruppenmitglieder untereinander

4.3 Voraussetzungen für gemeinsames Lernen

Voraussetzungen für eine erfolgreiche Gruppenarbeit sind
- klare Aufgabenstellungen,
- eine arbeitsbereite, arbeitsfähige Gruppe,
- gutes Informationsmaterial,
- idealerweise eine Gruppengröße von 3–5 Personen,
- hinsichtlich der Leistungsfähigkeit ähnliche Gruppenmitglieder,
- Disziplin, gegenseitige Akzeptanz, Offenheit und Kooperation.

Problematisch wird die Gruppenarbeit, wenn Aufgaben durch mangelnde Beteiligung und Kommunikation oder Missstimmungen nicht oder nur wenig zufriedenstellend erledigt werden. Hilfreich ist es daher, gemeinsame **Gruppenregeln** zu vereinbaren (z. B.: „Es spricht immer nur eine Person." „Unterschiedliche Meinungen werden diskutiert, aber nicht bewertet.").

4.4 Arbeitsprozess in der Gruppe

4.4.1 Rollen- und Aufgabenverteilung

Gruppenarbeit ist Teamarbeit. Die Mitglieder des Arbeitsteams übernehmen unterschiedliche Rollen oder teilen sich Rollen) zu:

Moderator/-in	▪ leiten das Treffen ▪ gliedern den Sitzungsverlauf ▪ achten auf Pausen und darauf, dass die Arbeit weitergeht ▪ halten sich in größeren Gruppen inhaltlich zurück und fassen Meinungen zusammen, ohne zu kommentieren ▪ arbeiten in kleineren Gruppen häufig mit, um den Erfahrungs- und Wissensspielraum groß genug zu halten ▪ achten auf die Erstellung und Einhaltung der Gruppenregeln ▪ schließen die Arbeitssitzung mit einer kurzen Reflexion über aktuellen Stand und Befinden der Teilnehmenden hinsichtlich der Zusammenarbeit ab
Protokollant/-in	▪ sichern die Ergebnisse und sorgen dafür, dass diese immer eingesehen werden können
Zeitwächter/-in	▪ achten darauf, dass die Aufgaben in der gegebenen Zeit fertiggestellt werden können
Präsentierende	▪ stellen gemeinsam das Ergebnis angemessen vor

[1] Rollen und Aufgaben innerhalb eines Arbeitsteams

4.4.2 Möglicher Verlauf einer Gruppenarbeit

Gruppenarbeiten können z. B. folgenden Verlauf haben:
1. **Vorbereitung (Was ist konkret zu tun?):**
   – Ankommen (z. B. Tische so stellen, dass mit der ganzen Gruppe Blickkontakt möglich ist)
   – Lesen der Arbeitsaufgabe, Sichten des Informationsmaterials
   – Klärung von evtl. aufkommenden Fragen oder Verständnisschwierigkeiten
2. **Fragestellungen und Zielsetzungen (Wie soll vorgegangen werden? Was ist das Ziel?):**
   – Klärung der Fragestellungen und Zielsetzungen, unter denen die Aufgabe bearbeitet werden soll
3. **Durchführung (Wie werden welche Aspekte in welcher Aufgabenverteilung bearbeitet?):**
   – Informationssammlung (z. B. Texte, Bilder)
   – Auswählen und Sortieren der gesammelten Beiträge
   – Fragen und Ziele überprüfen und evtl. neu anlegen, ausrichten oder konkretisieren
   – die Lernziele in Einzelarbeit, Untergruppen oder in der Gruppe erarbeiten und überprüfen
   – sich die Arbeitsergebnisse mit Blick auf die Zielsetzung vorstellen und ggf. diskutieren
4. **Abschluss (Wie soll das Ergebnis aussehen und präsentiert werden?):**
   – Arbeitsergebnisse zusammenstellen und der Zeitvorgabe anpassen
   – endgültige Absprache, Aufteilung und Vorbereitung der Präsentation
5. **Bewertung (Wie ist die gemeinsame Arbeit verlaufen?):**
   – Evaluation/Feedback (Reflexion des Gesamtablaufes und des Gruppenprozesses)

D
Prüfungsaufgaben

1 Mehrsprachigkeit in der Kindertageseinrichtung fördern

Seit dem 1. August gehören Sie zum Team der städtischen Kindertagesstätte „Sonnenberg" und sind als Kinderpflegekraft in der Sternschnuppengruppe tätig, in der Kinder im Alter von 2 bis 6 Jahren betreut werden.

Nach der zweiwöchigen Eingewöhnungsphase besprechen Sie zusammen mit Ihren neuen Kolleginnen und Kollegen die Entwicklung der neuen Kinder. Ihr Beobachtungskind ist Milow (3;5). Sie berichten, dass Milow eines der vier Kinder mit Migrationshintergrund ist. Sein Vater ist Engländer und seine Mutter Deutsche. Sein Vater spricht mit ihm nur englisch. Manchmal mischt Milow noch die Sprachen. Ihnen fällt prompt eine Situation ein, in der es besonders deutlich wurde. Als Milows Vater ihn beim Abholen fragte: „Where is your jacket?", antwortete er: „At the garderobe."

In der Teamsitzung sprechen Sie auch den Wunsch vieler Eltern an, die Kita möge englischsprachige Angebote in die Bildungsarbeit des Kindergartens einbeziehen. Viele Eltern befürworten einen frühzeitigen Kontakt mit der Weltsprache Englisch, auch im Sinne einer guten Vorbereitung auf den späteren Englischunterricht. Auch sehen sie dies als sinnvolle Möglichkeit an, die Kinder bereits im Kindergartenalter spielerisch an eine Fremdsprache heranzuführen. Im Team diskutieren Sie dies unter Berücksichtigung der unterschiedlichen Spracherwerbssituationen der Kinder Ihrer Gruppe. Zwanzig Kinder Ihrer Gruppe sprechen nur deutsch und haben eine altersgerechte Sprachentwicklung. Es gibt vier Kinder mit Migrationshintergrund: Zeynep (5;1), Mert (3;7), Soner (4;3) und Ihr Bezugskind Milow (3;5). Drei der Kinder sprechen als Familiensprache türkisch. Da sie bereits vor mehr als einem Jahr in die Kita gekommen sind, haben sie seitdem auch zu der deutschen Sprache intensiven Kontakt. Sie sprechen sowohl ihre Muttersprache, als auch die Zweitsprache gut.

Im Team entwickeln Sie in den folgenden Wochen ein sinnvolles Konzept zur zweisprachigen Erziehung. Bestimmte pädagogische Modelle, die sich zur Vermittlung der englischen Sprache anbieten, werden hierzu herangezogen. Vorteilhaft dabei ist, dass alle pädagogischen Fachkräfte Englisch im Rahmen des Schulunterrichts gelernt haben.

Da Sie die englische Sprache gut beherrschen, übernehmen Sie fortan die Aufgabe, englischsprachige Angebote für die Kinder zu planen und durchzuführen. Die ersten Aktivitäten verlaufen sehr erfolgreich. Die Kinder haben viel Freude beim Singen englischer Lieder, können einander schon auf Englisch begrüßen und verabschieden sowie bis zwanzig zählen. Auch die Bezeichnungen für einige Kleidungsstücke und Farben sind ihnen bereits bekannt.
Das Thema „Frühling" ist in der Gruppe zurzeit allgegenwärtig. Die Kinder genießen es, bei schönem Wetter auf dem Außengelände zu spielen und die Pflanzen- und Tierwelt zu beobachten und genauer unter die Lupe zu nehmen. Beim nächsten englischsprachigen Stuhlkreis möchten Sie das Thema gerne aufgreifen.

Fachliche Schwerpunkte der Situation:

Mögliche Prüfungsaufgaben

1. Aufgabe
Beschreiben Sie, in welcher Spracherwerbssituation sich die Kinder der Sternschnuppengruppe aktuell befinden. Ziehen Sie hierzu Ihre Kenntnisse zur Mehrsprachigkeit in Sprachentwicklungsprozessen heran.

Lösungsvorschläge:
In der Sternschnuppengruppe liegt folgende Spracherwerbssituation für das Erlernen der Fremdsprache vor:
- Bei 20 Kindern liegt ein einsprachiger Spracherwerb vor.
- Drei Kinder haben Deutsch als Zweitsprache erworben. Familiensprache und Umgebungssprache sind demnach unterschiedlich. Die Familiensprache der Kinder ist das Türkische. Deutsch ist für sie die Umgebungssprache, mit der sie früh in Kontakt gekommen sind, da ihre Eltern ihnen einen frühen Kindergartenbesuch ermöglicht haben. Der Erwerb der zweiten Sprache erfolgt im Alltag.
  → Den Kindern sollte ein möglichst frühzeitiger und intensiver Kontakt mit der Zweitsprache ermöglicht werden. Neben der Zweitsprache sollte auch die Erstsprache weiter gefördert werden.
- Bei Milow liegt ein doppelter Erstspracherwerb vor. Er erlebt von Geburt an beide Sprachen in seiner Familie. Die Eltern orientieren sich an dem Prinzip „Eine Person – eine Sprache".
  → Milow weist noch Sprachmischungen auf, die jedoch ein typisches Phänomen mehrsprachiger Erziehung sind. Sie verschwinden in der Regel von selbst wieder.

Forschungen zur Mehrsprachigkeit zeigen, dass Kinder zwei bis drei Sprachen parallel erwerben können. Bei ausreichendem sprachlichen Input erwerben Kinder die Sprachen implizit, also unbewusst (sensible Phase). Für die mehrsprachig aufwachsenden Kinder der Gruppe stellt also der Kontakt mit der englischen Sprache keine Überforderung dar.

TIPPS für die Prüfung

Wichtig ist es hier, auf alle Kinder, die im Handlungsszenario näher beschrieben werden, einzugehen und ihre individuellen Entwicklungswege auf Grundlage passender fachtheoretischer Kenntnisse zu begründen.

2. Aufgabe
Zeigen Sie auf, wie das Team der Kindertageseinrichtung „Sonnenberg" den Kindern die Nichtumgebungssprache Englisch vermitteln könnte, und wählen Sie ein geeignetes Spracherwerbsmodell aus.

Lösungsvorschläge::
Für den Erwerb einer Nichtumgebungssprache (Englisch) stehen dem pädagogischen Personal der Kindertageseinrichtung das Immersionsmodell und das Angebotsmodell zur Verfügung.
- Charakteristisch für das Immersionsmodell ist die Anwendung des Prinzips „Eine Person – eine Sprache". Die englischsprachige Fachkraft spricht mit den Kindern nur englisch, die deutschsprachige Fachkraft nur deutsch. Voraussetzung für die Anwendung ist eine pädagogische Fachkraft mit muttersprachlichen Kompetenzen (ein sog. „native speaker"). Nach einer dreijährigen Erziehung nach diesem Modell sind ein gutes Sprachverständnis, ein umfangreicher Wortschatz und ein aktiver Sprachgebrauch des Englischen bei einigen Kindern zu erwarten.
- Kennzeichnend für das Angebotsmodell ist die Vermittlung der Fremdsprache in einer zeitlich begrenzten Situation, z. B. im Rahmen eines Stuhlkreises oder ein- bis mehrmals wöchentlich stattfindender Fremdsprachenangebote von einer pädagogischen Fachkraft. Das Angebotsmodell kann nicht die Sprachkompetenzen auf dem Niveau des Immersionsmodells vermitteln. Aber es kann die Kinder für die Fremdsprache sensibilisieren, sodass sie einige alltagsrelevante Äußerungen verstehen und auf einen begrenzten

aktiven Wortschatz zurückgreifen können. Insgesamt fördert der Kontakt mit einer weiteren Sprache die Bildung und interkulturelle Sensibilität eines Kindes.

Da in der Kindertageseinrichtung keine Mitarbeiter arbeiten, die englischsprachige Muttersprachler sind, bietet sich das Angebotsmodell für die Vermittlung des Englischen an.

TIPPS für die Prüfung

Hier sollten zunächst alle Möglichkeiten zur Sprachvermittlung einer Nichtumgebungssprache aufgezeigt werden, bevor Sie darlegen, welche sich davon konkret für das Team der Kindertageseinrichtung „Sonnenberg" anbietet. Ihre Wahl sollten Sie dann unter Rückbezug auf das Szenario nachvollziehbar begründen.

3. Aufgabe

Planen Sie einen zweisprachig geführten Stuhlkreis zum Thema „Frühling" unter Berücksichtigung der Planungsaspekte: Zielformulierungen nach dem Kompetenzansatz, methodische Vorüberlegungen, Verlauf der Aktivität.

Lösungsvorschläge:

Das Thema des Stuhlkreises sowie die Begründung des Angebotes und der Auswahl der Kinder sind bereits festgelegt. Für die weitere Ausgestaltung sind bei dieser Aufgabenstellung individuelle Lösungsansätze erwünscht.

- Mögliche Ziele des Stuhlkreises wären:
  - Sachkompetenzen: Erweiterung des englischen Wortschatzes, Vertiefung der Kenntnisse von Aussprache und Intonation, Erweiterung der sprachlichen Handlungsfähigkeit, Anregung der Reflexion über Sprache
  - Selbstkompetenzen: Stärkung der Gedächtnisfähigkeit, Vertiefung des Hör-/Sehverstehens, Erweiterung motorischer Fähigkeiten, Koordination von Sprache und Bewegungsabläufen, Stärkung des Selbstbewusstseins durch Aktionen innerhalb einer Gruppe, Abbau von Schwellenängsten gegenüber der Fremdsprache, Weiterentwicklung des Sprachgefühls (z.B. durch Reime, Lieder)
  - Sozialkompetenzen: Förderung der Interaktion innerhalb einer Gruppe durch gegenseitige Unterstützung sowie Rücksichtnahme

Je nach Angebotsgestaltung sind weitere Zielformulierungen denkbar. Dabei sollte stets aufgezeigt werden, wodurch oder wie die jeweiligen Kompetenzen im Rahmen des Angebotes gefördert werden.

- Methodische Vorüberlegungen:
  Generell ist ein gut durchlüfteter, aufgeräumter Raum sinnvoll, der genug Platz für einen Sitzkreis und evtl. Bewegungsaktivitäten bietet und in dem ungestört gearbeitet werden kann. Ansonsten könnte je nach Angebot auch weiteres Material benötigt werden (z.B. Bildkarten, Zeichenpapier und Stifte, Realgegenstände etc.)

- Verlauf der Aktivität:
  Hier sind individuelle Lösungen möglich. Wichtig ist eine Aufteilung in Einführung, Hauptteil und Schluss inkl. didaktischer Begründung.

Es bietet sich an, den Stuhlkreis mit einem zum Thema „Frühling" passenden Lied oder Spiel einzuleiten, sodass alle Teilnehmenden zum Mitmachen aktiviert werden. Bei der Abfolge weiterer Aktivitäten ist ein Wechsel zwischen ruhigen und lebhaften Elementen angebracht. Für die Einführung neuer englischer Wörter könnte auf Bildkarten, Mimik und Gestik sowie auf Realgegenstände zurückgegriffen werden. Durch einen gemeinsamen Ausklang sollten erneut alle Kinder beteiligt werden und der Übergang zu anschließenden Aktivitäten (z. B. Freispiel, Abholphase etc.) geschaffen sein.

TIPPS für die Prüfung

Bei dieser Aufgabenstellung sind Ihre kreativen und planerischen Fähigkeiten gefragt. Da lediglich das Thema und der Rahmen (Auswahl der Kinder, Ort, Zeitraum) für das durchzuführende Angebot abgesteckt sind, kann der Verlauf des Stuhlkreises nach Ihrem individuellen Ermessen geplant werden.
Durch die geplanten Handlungsschritte sollten jedoch die zu erreichenden Ziele abgedeckt werden. Dies können Sie durch die didaktische Begründung der einzelnen Angebotsphasen verdeutlichen.
Seien Sie kreativ und gehen Sie bei der Verschriftlichung Ihrer Planung möglichst ins Detail.

Ergänzungen zu den Prüfungsaufgaben:

2 Bildungsprozesse erkennen und spielpädagogisch unterstützen

Sie arbeiten in der Kindertageseinrichtung „Wunderwerk", in der sehr viel Wert auf regelmäßige Beobachtungen und die gezielte Begleitung von Bildungsprozessen gelegt wird. In den letzten Wochen haben Sie Leyla (5;7) beobachtet und dazu folgende Notizen festgehalten.

---

1. Beobachtung   14.07.2015   Zeit: 10:15–10:18 Uhr

Ausgangslage: Leyla und mehrere Kinder sind auf dem Außengelände. Leyla steht bei den zwei unterschiedlich hohen Turnstangen.

Beschreibung des Handlungsverlaufs: Leyla hängt kopfüber mit beiden Kniekehlen an der niedrigen Turnstange und hält sich mit den Händen fest. Sie schwingt mit dem ganzen Körper hin und her. Jetzt probiert es Leyla bei der höheren Turnstange. Leyla streckt sich, steht auf den Zehenspitzen und versucht an die höhere Stange zu gelangen. Sie berührt die Turnstange mit den Fingerspitzen, kommt jedoch nicht an sie dran. Sie geht nun an einen Seitenpfosten der Turnstange und versucht seitlich hochzuklettern. Leyla rutscht dabei mehrmals ab. Sie putzt ihre Hände an ihrer Hose ab und schließlich gelingt es ihr, die Querstange mit einer Hand zu fassen. Auch mit der anderen Hand bekommt sie nun die Querstange zu fassen. Dabei ruft sie: „Schau mal, ich habe es geschafft!" Sie konzentriert sich erneut, ihre Wangen sind gerötet. Mit aller Kraft zieht sie nun auch wieder beide Beine nacheinander über die Stange, bis sich die Stange in ihren Kniekehlen befindet. Kopfüber ruft sie: „Schaut her, ich bin wie die Turner im Zirkus!"

---

2. Beobachtung   19.07.2015   Zeit: 13:50–13:57 Uhr

Ausgangslage: Leyla und Sophie sitzen auf der Wippe im Außengelände.

Beschreibung des Handlungsverlaufs: Leyla und Sophie wippen erst langsam, dann immer schneller. Das Quietschen der Wippe wird dabei auch immer lauter. Leyla ruft: „Stopp!" Sophie hört auf zu wippen. Leyla kniet sich vorsichtig auf die Sitzfläche und hält sich mit beiden Händen an der Griffen fest und ruft: „Lauf, mein Pferdchen, im Galopp!" Sophie wippt am anderen Ende der Wippe weiter. Leyla löst eine Hand nach der anderen vom Griff der Wippe und lächelt. Leyla hebt einen Fuß auf die Sitzfläche der Wippe, gerät ins Wanken und greift schnell wieder zu den Griffen der Wippe. „Das Pferd muss nun langsam gehen, sonst ist es zu gefährlich", sagt sie zu Sophie. Sie stellt sich schließlich hin, breitet die Arme seitlich aus, verliert das Gleichgewicht und fällt von der Wippe. Sie klettert direkt wieder auf die Wippe. Ganz langsam stellt sie den linken, dann den rechten Fuß auf die Sitzfläche der Wippe. Schließlich gelingt es ihr, mit ausgestreckten Armen auf der Sitzfläche der Wippe zu stehen. Sie wiehert wie ein Pferd und lächelt dabei.

---

3. Beobachtung   26.07.2015   Zeit: 11:18–11:27 Uhr

Ausgangslage: Leyla und mehrere Kinder sind im Bewegungsraum bei den Schaukeln, Leyla steht bei der Stabschaukel. Die Stabschaukel besteht aus einem Seil, unten ist ein Stab aus Holz befestigt.

Beschreibung des Handlungsverlaufs: Leyla fasst das Seil der Stabschaukel, versucht sich hochzuziehen und die Beine auf den Stab zu schwingen. Sie kommt nicht hoch und geht weg. Timo kommt, schwingt sich auf die Stabschaukel und ruft vor sich hinschaukelnd: „Seht her, ich bin ein Zirkusartist!" Timo steigt ab und setzt sich unter die Schaukel. Leyla kommt wieder dazu und sagt: „Ich will auch eine Zirkusartistin sein!" Sie fasst das Seil, steigt auf Timos Schultern und versucht sich hochzuziehen, um auf die Schaukel zu kommen. Leyla schafft es nicht sich hochzuziehen. Timo geht weg. Leyla stellt sich vor die Schaukel, wischt sich ihre Hände an der Hose ab. Sie packt das Seil, zieht sich hoch, fasst nach, zieht und schafft es sich auf den Stab zu setzen. Lachend ruft Leyla: „Juhu, guckt mal, was ich kann!", und beginnt Schwung zu holen.

Fachliche Schwerpunkte der Situation:

Mögliche Prüfungsaufgaben

1. Aufgabe
Erläutern Sie den Begriff und die Bedeutung von Bildungsprozessen für Kinder bis zum Schuleintrittsalter.

Lösungsvorschläge:
Bildung ist als aktive Auseinandersetzung mit der Welt zu verstehen, bei der sich der Mensch ein Bild von der Welt macht. Aktive Auseinandersetzung wird hier als Aneignung, also als ein aktiver, subjektiver Prozess, bei dem das Fremde in Eigenes verwandelt wird, verstanden. Sie meint nicht ein von außen erfolgendes Hineinstopfen vorbestimmter Bildungsinhalte. Bildung kann nicht erzeugt oder gar erzwungen, sondern nur angeregt und ermöglicht werden als Entfaltung der Persönlichkeit. Somit ist Bildung immer Selbstbildung und umfasst nicht nur den Prozess der Erschließung der Welt, sondern auch dessen Ergebnis. Die Anregung, Unterstützung und Entfaltung frühkindlicher Bildungsprozesse muss gleichermaßen Lernen aus erster und zweiter Hand umfassen. Kinder benötigen hierfür Innen- und Außenräume und Anregungen des Alltags, die selbstgesteuerte Lern- und Erfahrungsprozesse ermöglichen. So entwickeln sich die Kinder zu Erforschern ihrer Um- und Mitwelt und können auch Nutzen von einem Lernen aus zweiter Hand ziehen. Dabei ist wichtig, dass dieses Lernen von anderen an den Bildern und Theorien ansetzt, welche die Kinder sich bislang aus ihren eigenen Erfahrungen heraus gemacht haben. Lernen aus erster und zweiter Hand bauen somit aufeinander auf.

TIPPS für die Prüfung

Wichtig ist es hier, dass Sie den Begriff Bildung umfassend erläutern und den Unterschied zwischen Lernprozessen aus erster und zweiter Hand verdeutlichen können.

2. Aufgabe
Zeigen Sie die konkreten Bildungsprozesse von Leyla in dem Szenario auf. Gehen Sie dabei insbesondere auf die Sinneserfahrungen von Leyla ein.

Lösungsvorschläge:
Der Schwerpunkt der beschriebenen Bildungsprozesse liegt bei den Wahrnehmungserfahrungen, die Leyla über die Körpersinne (vestibulär, kinästhetisch, taktil) macht.
- **Vestibuläre Wahrnehmung** ist die Fähigkeit, einen Gleichgewichtszustand in Haltung oder Bewegung bei wechselnden Umweltbedingungen zu erreichen und aufrechtzuerhalten.
  → Leyla erprobt ihr Gleichgewicht beim Balancieren auf der Wippe (s. 2. Beobachtung) und versucht ihr Gleichwicht zu finden, indem sie es mit dem Oberkörper ausbalanciert. Erst kniet Leyla hierbei auf der Wippe, löst dann langsam die Hände vom Griff der Wippe und balanciert, indem sie die Arme im rechten Winkel vom Körper ausstreckt, bis sie ihr Gleichgewicht im Stehen findet, während Sophie die Wippe dabei in Bewegung hält.
  → Leyla erprobt ihr Gleichgewicht, indem sie sich auf die Sitzfläche der Wippe stellt.

- **Kinästhetische Wahrnehmung** ist die Fähigkeit, einen Bewegungsablauf aufgrund einer fein differenzierten und präzisierten Aufnahme und Verarbeitung vorwiegend kinästhetischer Informationen (Muskeln, Sehnen, Bänder und Gelenke) mit hoher Genauigkeit vollziehen zu können.
  → Leyla erprobt ihre kinästhetische Wahrnehmung, indem sie versucht, sich an der Schaukel hochzuziehen, indem sie ihre Muskeln anspannt. Ihr gelingt es im zweiten Versuch, ihre Muskelkraft und -anspannung so einzusetzen, dass sie auf die Stabschaukel klettern kann (3. Beobachtung). Bei der Turnstange (1. Beobachtung) versucht sie sich mit ihren Beinen abzustoßen, indem sie ihre Muskeln anspannt und die entsprechende Fußstellung einnimmt. Danach zieht sie sich an der seitlichen Stange hoch und spannt dabei erneut ihre Muskeln an, bis sie die Querstange mit der Hand zu fassen bekommt.

Weitere Bildungsprozesse können zu folgenden Themen genannt werden:

- **Kognitive Leistung:**
  → Leyla weiß, dass mit feuchten Händen nicht fest gegriffen werden kann, sodass sie ihre Hände vorher an der Hose abwischt.
  → Leyla weiß, dass sie das Gleichgewicht besser halten kann, wenn Sophie langsamer wippt, und fordert sie daher dazu auf.
  → Leyla weiß, dass die Schwierigkeit zu balancieren reduziert wird, wenn man langsam versucht, auf der Sitzfläche der Wippe zu stehen, und dabei die Arme zum Ausbalancieren ausbreitet.
- **Soziale Bildungsprozesse:**
  → Leyla und Sophie (2. Beobachtung) sowie Leyla und Timo (3. Beobachtung) spielen miteinander, müssen sich dabei aufeinander einlassen und Rücksichtnahme üben.
- **Fantasie:**
  → Leyla stellt sich vor, dass sie eine Zirkusartistin sei (1. und 3. Beobachtung) oder auf einem Pferd reite (2. Beobachtung).
- **Visuelle Wahrnehmung:**
  → Leyla erlebt verschiedene Höhenunterschiede und Perspektiven (auf der Turnstange/Stabschaukel).
- **Auditive Wahrnehmung:**
  → Leyla macht Tiergeräusche nach (2. Beobachtung) und nimmt die unterschiedlichen Geräusche der Spielgeräte wahr.
- **Taktile Wahrnehmung:**
  → Leyla erfährt, welche Oberflächenbeschaffenheit die einzelnen Spielgeräte haben.

TIPPS für die Prüfung

Eine sehr gute Leistung können Sie bei dieser Aufgabe erbringen, wenn Sie die unterschiedlichen Bildungserfahrungen in der Gesamtheit benennen und auch deren Bedeutung für die Bildungsprozesse von Leyla differenziert darstellen können. Sie sollten dabei erkennen, dass Leylas Bildungserfahrungen bestimmte Schwerpunkte aufweisen (vestibuläre und kinästhetische Wahrnehmung). Eine kurze Erläuterung hierzu signalisiert den Prüfern, dass Sie die signifikanten Kennzeichen dieser Wahrnehmungsbereiche kennen und benennen können.

3. Aufgabe
Planen Sie auf Grundlage der Aufgabe 2 eine Spielkette (Motivation, Einstieg, Hauptteil, Abschluss), indem Sie eine tabellarische Verlaufsplanung erstellen.

Lösungsvorschläge:
Bei dieser Aufgabenstellung sind individuelle Lösungsansätze erwünscht.
Die Spielkette sollte einen deutlichen Schwerpunkt auf dem vestibulären bzw. kinästhetischen Wahrnehmungsbereich aufweisen.

Es sollte eine Rahmengeschichte erkennbar sein, die an dem Interesse von Leyla (Zirkus) anknüpft. Formal wird eine Tabelle erwartet, die die einzelnen Phasen inkl. didaktischer Begründung aufweist. Bei der Phasierung sollten folgende Aspekte beachtet werden:

- **Motivation:** Durch eine gut ausgeschmückte Geschichte und ein klares, souveränes Spielleiterverhalten vermittelt die Spielleitung der Spielgruppe von Anfang an Sicherheit. Die Kinder sollen in das Thema „Zirkus" ideenreich eingeführt werden.
- **Einstieg:** Die Spielkette beginnt mit einem Aufwärmspiel. Hierfür sind Spiele geeignet, die wenig Hemmungen und Ängste bei den Teilnehmern hervorrufen, die nicht zu unbekannt und bei denen die Regeln nicht zu kompliziert sind. Ebenso empfiehlt es sich, Spiele auszuwählen, bei denen die Kleingruppe zusammen spielt. Spiele, bei denen Einzelne etwas vorführen müssen, oder Spiele, die zu große gestalterische und kreative Anteile haben, sind für den Anfang weniger geeignet.
- **Hauptteil:** Beim zweiten Spiel sollte sich das Spielniveau steigern bezüglich Lebhaftigkeit, Schwierigkeit, Spannung und Kontakt, sodass der Spannungsbogen Richtung Höhepunkt aufgebaut wird. Das Spiel sollte gerade so schwierig sein, dass es zwar knifflig wirkt, aber für die Spielenden immer die Aussicht besteht, es bewältigen zu können.

  Den Höhepunkt bildet ein Spiel, bei dem der Körperkontakt nochmals intensiviert wird, schnelle Reaktionsfähigkeit gefragt ist, Spannung und Bewegung dominieren. Alle Spielenden sollten hierbei beteiligt werden. Wichtig ist es, Wartezeiten oder Leerläufe für Einzelne zu vermeiden.
- **Abschluss:** Gemäß den Vorgaben für Spielketten sollte das letzte Spiel die Aktivität der Kinder senken, sodass die Kinder ruhig bzw. entspannt aus dem Angebot gehen. Neben ruhigen Spielen bieten sich insbesondere Entspannungsgeschichten an.

  Insgesamt sollten die ausgewählten Spiele in einer sinnvollen Reihenfolge dargestellt werden. Wichtig sind hier notwendige Hilfestellungen und Gesprächsanregungen. Bei den Spielen sollten die Spielregeln konkret und verständlich verfasst sein.

TIPPS für die Prüfung

Abweichend von der üblichen schriftlichen Planung wird bei dieser Aufgabe aus Zeitgründen lediglich die Verschriftlichung des Verlaufes erwartet. Sie sollten die einzelnen Handlungsschritte der Spielaktion darum umso kreativer und detaillierter planen und dabei die Sinneserfahrungen und Interessensschwerpunkte aus den Beobachtungen aufgreifen. Bei der didaktischen Begründung der einzelnen Spielphasen können Sie den Bezug zum Szenario verdeutlichen.

Ergänzungen zu den Prüfungsaufgaben:

3 Bindungsbeziehungen zu Kindern aufbauen und pflegen

Seit drei Wochen arbeiten Sie als Tagesmutter in den neu angemieteten Räumen der Großtagespflege „Die Zipfelmützen". Dort betreuen Sie zusammen mit Miriam Steffens, einer Erzieherin, insgesamt sieben Kinder, von denen Julia (0;9), Leon (2;2) und die Zwillinge Can und Serkan (1;4) mit Ihnen neu in die Gruppe gekommen sind. Bei der gemeinsamen Wochenbesprechung mit Ihrer Kollegin lassen Sie Ihre ersten drei Wochen Revue passieren:

„Ganz ehrlich, mir gefällt das Arbeiten hier echt gut. Ich finde es super, dass die Woche so strukturiert verläuft und jeder Tag gleich begonnen wird. Bei unserem Morgenkreis ist es immer wieder erstaunlich, wie lange unsere Kinder schon ruhig sitzen bleiben und wie viel sie bereits mitmachen möchten. Einige Kinder, wie z. B. Leon, sind dabei noch sehr zurückhaltend, aber zumindest hören sie gut zu und verfolgen das Geschehen. Andere brauchen besonders viel Körperkontakt, wie z. B. unsere kleine Julia, die immer auf deinem Schoß sitzen möchte."

Miriam: „Ja, ähnlich verhält es sich doch auch mit den Zwillingen, nur dass sie immer an deinem Rockzipfel hängen."

„Das stimmt. Ich verstehe mich aber auch richtig gut mit den beiden. Es ist eine Freude, zu sehen, wie sie immer zusammen auf Entdeckungsreise gehen – jetzt wo sie vor ein paar Wochen laufen gelernt haben. Sie folgen mir darum auch gerne auf Schritt und Tritt. Als ich mich letztens alleine mit Julia zum Wickeln zurückziehen wollte, fingen Can und Serkan schrecklich an zu weinen."

Miriam: „Sie ließen sich gar nicht von mir beruhigen und haben erst aufgehört, als du endlich zurückgekommen bist. Erst dann haben sie zufrieden weitergespielt."

„Zumindest lassen sie sich von mir dann trösten und wollen in den Arm genommen werden. Auf die Idee würde Leon dagegen nie kommen. Ich finde auch, dass Leon morgens viel zu lange braucht, um sich von seiner Mutter zu lösen. Ihre Sprüche, wie z. B. ‚Ich will auch nicht zur Arbeit gehen, aber da müssen wir jetzt beide durch' sollte sie sich lieber sparen. Wenn ich ihn dann begrüße, guckt er auf den Boden, reagiert gar nicht auf meine Ansprache und läuft vor mir weg. Manchmal holt er sich dann einen kleinen Ball und lässt diesen dann auf dem Bauteppich rollen. Mit dem spielt er besonders gerne. Dabei dreht er sich immer mit dem Rücken zu mir. Ich glaube, er mag mich nicht so.
Auch bei Luisa weiß ich nicht, woran ich bin. Mal kommt sie zu mir und möchte auf meinem Schoß sitzen. Am liebsten will sie sich dann Bilderbücher mit mir anschauen. Dabei sucht sie immer besonders viel Nähe und kuschelt sich an mich. Doch dann kann sie kurze Zeit später wie aus heiterem Himmel ganz wütend auf mich sein und haut dann auch gerne schon einmal zu oder versucht mich zu beißen."

Miriam: „Das ist mir bei den beiden auch besonders aufgefallen. Wir sollten Leon und Luisa tatsächlich weiterhin beobachten und uns Gedanken machen, wie wir am besten mit ihrem Verhalten umgehen können."

Fachliche Schwerpunkte der Situation:

Mögliche Prüfungsaufgaben

1. Aufgabe
Nennen Sie bedeutsame Aspekte zum Thema „Bindung" und stellen Sie dabei jeweils den Bezug zur Situation her.

Lösungsvorschläge:
Die Bindungstheorie wurde von John Bowlby und Mary Ainsworth entwickelt und beschäftigt sich mit dem Bedürfnis des Menschen, eine enge und von intensiven Gefühlen geprägte Beziehung zu Mitmenschen aufzubauen. Ausgangsmodell jeder Bindung ist die frühe Mutter-Kind-Beziehung.

- Der Wunsch nach Nähe und Kontakt bezieht sich nicht nur auf die Eltern, sondern auch auf andere Personen, wie z. B. in diesem Fall die Tagespflegemutter.
  → Bei Leon ist der Lösungsprozess von der Mutter noch nicht beendet. Leon zeigt noch Schwierigkeiten, eine Bindung zu anderen Personen in der Großtagespflege aufzubauen.
- Erst wenn sich eine Beziehung zu einer anderen Person aufgebaut hat, ist eine Trennung für mehrere Stunden am Tag von den Eltern möglich.
  → Leon hat noch Schwierigkeiten, mehrere Stunden von der Mutter getrennt zu sein.
- Die Bereitschaft zum Loslassen und Zulassen muss auch bei den Eltern gegeben sein, sodass andere Personen eine Bindung zum Kind aufbauen können. Dies ist eine wichtige Voraussetzung für eine gut funktionierende Fremdbetreuung.
  → Leons Mutter scheint selbst Schwierigkeiten damit zu haben, ihn bei der Großtagespflege abgeben zu müssen.
- Junge Kinder haben Schwierigkeiten, ihre negativen Emotionen alleine zu regulieren. Hierbei sind sie dann auf die volle Unterstützung der Bindungsperson angewiesen.
  → Die Zwillinge durchleben Trennungsängste. Als Bindungsperson fungiert in diesem Fall bisher nur die Kinderpflegekraft.
- Das Kind sucht bewusst nach Nähe und Schutz, wenn es innerlich belastende Situationen erlebt oder äußeren Stress erfährt.
  → Can und Serkan lassen sich von der Kinderpflegekraft in den Arm nehmen, um Trost zu finden.
- Das Kind benötigt eine sichere Basis, um seine soziale und materielle Umwelt erkunden zu können. Es besteht somit eine Balance zwischen Bindungs- und Erkundungsverhalten. Fühlt sich das Kind sicher, kann es seine Umwelt frei erforschen.
  → Can und Serkan gehen gerne auf Erkundungstour, benötigen aber immer wieder die Rückversicherung, dass ihre Bezugsperson noch da ist.

TIPPS für die Prüfung

Diese Aufgabenstellung fordert zum einen die Reproduktion, also Wiedergabe erlernter fachtheoretischer Kenntnisse von Ihnen als Prüfling ab. Zum anderen sollen Sie diese auf die beschriebene Situation in der Großtagespflege beziehen, also hierbei eine Anwendung Ihres Wissens leisten. Je mehr Bezüge Sie herstellen können, desto umfassender erfüllen Sie den Erwartungshorizont.

2. Aufgabe
Analysieren Sie die Situation der einzelnen Kinder hinsichtlich ihres unterschiedlichen Bindungsverhaltens.

Lösungsvorschläge:
Um das Bindungsverhalten von Kindern beurteilen zu können, können verschiedene Verhaltensweisen wie Lächeln, Schreien, Festklammern, Zur-Mutter-Krabbeln, Suchen der Bezugsperson usw. herangezogen werden. Ebenso lassen sich Schlüsse hinsichtlich bestimmter Bindungsmuster ziehen, wenn beobachtet wird, wie sich das Kind in besonders belasteten, stressigen Situationen verhält. Folgende Bindungstypen lassen sich unterscheiden:
- Es gibt sicher gebundene Kinder, die dem Typ B („balanced") zuzuordnen sind, die generell ein offenes Bindungsverhalten zeigen, d.h. in nicht belasteten Situationen nicht mit Verlustängsten zu kämpfen haben, selbstständig sind, alleine spielen, offen über eigene Gefühle sprechen und diese auch ausdrücken können sowie angemessenes Verhalten gegenüber Fremden zeigen. In belasteten Situationen suchen sie Trost, Nähe und Unterstützung bei ihrer jeweiligen Bezugsperson.
→ Die beiden Zwillinge können dem Typ B zugeordnet werden.
- Es gibt unsicher vermeidend gebundene Kinder, die kein offenes Bindungsverhalten zeigen und zum Bindungstyp A („avoiding") gehören. Diese vermeiden aktiv Kontakt und Nähe zu einer Bindungsperson. In Stresssituationen suchen sie keinen Trost und auch keine Hilfe bei einer anderen Person, sie zeigen wenig Gefühle und spielen bevorzugt alleine.
→ Dies trifft bei Leon nicht für die Beziehung zur Mutter zu, allerdings für die Beziehung zur Kinderpflegekraft.
- Zu den unsicher ambivalenten Bindungstypen, dem Typ C („crying"), gehören jene Kinder, die in belasteten Situationen widersprüchliches Verhalten aufweisen. Einerseits äußern sie den Wunsch nach Nähe und Kontakt, klammern geradezu, andererseits zeigen sie ärgerliche Zurückweisung.
→ Luisa ist solch ein unsicher ambivalenter Bindungstyp.

TIPPS für die Prüfung

Wie schon bei der ersten Aufgabe wird von Ihnen nicht nur eine reine Wissenswiedergabe verlangt, sondern dass Sie Ihre Kenntnisse zu den beschriebenen Verhaltensmustern der einzelnen Kinder aus dem Fallbeispiel passend zuordnen. Bei dieser Aufgabe bietet sich ebenso zunächst ein kurzer Einleitungstext an, bevor Sie näher auf die Typenbestimmung eingehen. Dies verdeutlicht, wie sehr Sie die Hintergründe der bindungstheoretischen Annahmen auch verstanden und verinnerlicht haben.

3. Aufgabe
Entwickeln Sie Ideen zur Förderung von Bindung für die Kinder in der Großtagespflege „Die Zipfelmützen".

Lösungsvorschläge:
Für einen guten Bindungsaufbau ist es generell wichtig, dass die Tagesmütter die Signale der einzelnen Kinder wahrnehmen und richtig interpretieren. Dies wird durch regelmäßige Beobachtungen und den Austausch untereinander unterstützt. Auf diese Signale gilt es, entwicklungs- und situationsangemessen zu reagieren, um stets zeitnah zu handeln und die geäußerten Bedürfnisse des Kindes zu stillen.
Für das Entstehen von Bindung wird grundsätzlich Zeit benötigt.
Eine geregelte Tagesstruktur mit immer wiederkehrenden Ritualen trägt dazu bei, dass sich die Kinder geborgen und sicher fühlen. Tägliche Rituale, wie etwa ein Lied zur Begrüßung oder beim Zu-Bett-Gehen, das gemeinsame Händewaschen vor dem Mittagessen und ein Reim am gedeckten Tisch bereiten den Kindern Freude. Handlungssicherheit erfahren die Kinder auch durch ein verlässliches und konsequentes Verhalten der Tagesmütter. Ein angenehmes Zusammenleben für alle Kinder können sie gewährleisten,

wenn sie einheitliche Regeln aufstellen und Grenzen setzen.

Einen intensiven Bindungsaufbau ermöglichen darüber hinaus folgende Alltagshandlungen:
- Gespräche bei den Mahlzeiten
- Spielsituationen
- das gemeinsame Singen von Liedern
- Fingerspiele und Kniereiter
- Bilderbuchbetrachtungen
- pflegerische Aktivitäten wie das Waschen oder das Wickeln des Kindes

Die Aufmerksamkeit der Tagesmutter darf dabei nicht nebenher erfolgen, sondern muss sich intensiv auf das Kind beziehen. Ansonsten kommt es zur Verzögerung oder zu einem unsicheren Aufbau.

Konkrete Ideen zum Bindungsaufbau zu den einzelnen Kindern wären:

→ Da Leon noch Schwierigkeiten hat, sich von seiner Mutter zu lösen, wäre es sinnvoll, die Trennungsphase kürzer zu gestalten und zu Leon einen intensiven Kontakt aufzubauen. Möglicherweise wäre das Ballspiel hierzu ein guter Aufhänger.

→ Bei den Zwillingen muss sich in Zukunft auch die Erzieherin Miriam Steffens um eine Bindungsbeziehung bemühen. Sie sollte nicht nur in stressigen Situationen auf ihre Bedürfnisse reagieren, sondern zu ihnen auch den Kontakt in alltäglichen Interaktionen suchen. Die Kinderpflegekraft sollte die Kollegin bei diesem Bindungsaufbau unterstützen, indem sie sich immer mal wieder herauszieht und bestimmte Aktivitäten und Handlungen, wie z. B. das Wickeln, ganz der Erzieherin überlässt.

→ Bei Luisa ist es wichtig, eine verlässliche Beziehung aufzubauen. Luisa muss das Gefühl haben, sich ganz auf die Bindungsperson verlassen zu können, auch wenn sie sich gerade nicht angemessen verhält.

TIPPS für die Prüfung

Zeigen Sie zunächst grundsätzliche Empfehlungen für einen gelingenden Bindungsaufbau auf. Anhand von Beispielen können Sie verdeutlichen, wie sich Ihre Ideen im Alltagshandeln umsetzen lassen.
Im zweiten Schritt sollten Sie dann auf Möglichkeiten eingehen, wie sich die Bindung zu den im Szenario näher beschriebenen Kindern intensivieren lässt.

Ergänzungen zu den Prüfungsaufgaben:

4 Bedürfnisse von Kindern bei der Eingewöhnung in die Kindertageseinrichtung

Sie arbeiten in der Kindertagesstätte „Zwergenland" in München. Die Einrichtung umfasst drei Gruppen mit je einer Erzieherin, einem Kinderpfleger und einer Kinderpflegerin sowie einer Praktikantin. Sie sind in der Schneewittchengruppe eingesetzt, die 20 Kinder im Alter von 3 bis 6 Jahren besuchen. In dieser Gruppe wird ein neues Öffnungszeiten-Modell erprobt. Die Eltern haben die Möglichkeit, ihre Kinder zwischen 6:00 und 18:00 Uhr in der Einrichtung betreuen zu lassen. Der Kita-Leitung sind gegenseitiger Respekt und ein höflicher Umgang mit den Eltern wichtig. Außerdem achtet sie darauf, dass die Mitarbeiterinnen und Mitarbeiter für die Kinder gute Vorbilder sind. Die erweiterten Öffnungszeiten ziehen vor allem alleinerziehende Mütter und Väter an.

Sie bestehen in Ihrer Gruppe auf Rücksichtnahme der Kinder untereinander. Gerade bei den Vorschulkindern sind Sie in letzter Zeit oft gezwungen, auf die Gleichberechtigung der Jüngeren und die Einhaltung von Regeln zu achten. Durch viel Lob und Ermutigung gelingt es Ihnen, für die Kinder in Ihrer Gruppe ein wertschätzendes Klima zu schaffen.

Letzten Monat wurde der dreijährige Johannis in Ihre Gruppe aufgenommen. Er ist noch sehr zurückhaltend, wirkt schüchtern auf Sie und weint jedes Mal, wenn sein Vater die Kita verlässt. Schon mehrmals hat der Erzieher Joseph ihn wegen Bauchschmerzen abholen lassen. Auch heute klagt Johannis über Bauchschmerzen, die je nach Vertiefung in ein Spiel stärker oder schwächer sind. Auffallend ist heute auch das Daumenlutschen von Johannis. Er hat keine Geschwister.

Sie wurden von der Kita-Leitung beauftragt, die Bring- und Holzeiten genau zu beobachten, um das neue Modell zum Monatsende in der Teamsitzung zu diskutieren. Dabei konnten Sie feststellen, dass Herr Dorimidos, der Vater von Johannis, mit seinem Sohn bereits vor Öffnung der Kita vor der Türe wartet. Abends schafft er es oft nicht, sich an die vereinbarte Abholzeit zu halten. Herr Dorimidos reagiert stets freundlich und zuvorkommend, wenn er auf diese Unregelmäßigkeiten angesprochen wird, und verspricht Besserung. Heute beobachten Sie folgende Szene, als Herr Dorimidos seinen Sohn bringt: Er schiebt Johannis in den Gruppenraum, schließt die Türe und geht. Johannis läuft seinem Vater weinend nach, streckt die Arme nach ihm aus und will ihn nicht gehen lassen. Herr Dorimidos bittet Sie, ihm sein Kind abzunehmen. „Lenken Sie ihn ab, ich muss weg, ein wichtiger Kunde wartet schon. Ich habe jetzt keine Zeit für so ein Theater. Bis heute Abend."

Sie nehmen Johannis auf den Arm, trösten ihn, lenken ihn mit einem Puzzle ab und können sich dann um die anderen Kinder kümmern. Nach dem gemeinsamen Frühstück wenden Sie sich noch einmal Johannis zu. Er sitzt ganz vertieft in der Malecke und gestaltet ein großes Blatt mit Wachsmalstiften. Für einen Dreijährigen verfügt er bereits über eine erstaunlich gute Feinmotorik. Später machen Sie mit den Kindern ein Kreisspiel. Johannis nimmt auch daran teil. Als Linda (5;3) ihn anspricht, versteift sich Johannis auf seinem Stuhl und starrt auf den Boden vor sich. Als Sie ihn auf den Schoß nehmen wollen, zieht er sich zusammen und klammert sich an seinem Stuhl fest.

Fachliche Schwerpunkte der Situation:

Mögliche Prüfungsaufgaben

1. Aufgabe
Stellen Sie die Aufgaben und Bedeutung der pädagogischen Fachkraft als Bezugsperson von Kindern unter 3 Jahren dar.

Lösungsvorschläge:

1. Aufgaben:
Als Bezugsperson erfüllt sie die Bedürfnisse des Kindes, z. B. nach Bindung (geliebt zu werden), biologische Bedürfnisse (Nahrung, Pflege, Entspannung), kognitive Bedürfnisse (Beschäftigung, Neues lernen) und Sicherheit (Geborgenheit, Freiheit von Angst).

2. Bedeutung:
Die pädagogische Fachkraft in Kindertageseinrichtungen ist in ihrem Handeln auf die individuelle Entwicklung jedes Kindes ausgerichtet. Sie sucht nach Ressourcen und fördert diese, sie orientiert sich an der Einzigartigkeit jedes einzelnen Kindes, sorgt für eine von Wertschätzung geprägte Beziehung und unterstützt die Bildung der Kinder.

Da die pädagogischen Fachkräfte nach den Eltern primäre Bezugspersonen sein können, spielen sie eine wichtige Rolle in der Entwicklung der Kinder. Sie sind an der Bildung von Urvertrauen, Bindungsfähigkeit und der Gewissensbildung beteiligt.

TIPPS für die Prüfung

Achten Sie auf die zwei Aspekte dieser Frage: Es geht um die Aufgaben (erster Teil der Frage) und die Bedeutung (zweiter Teil der Frage).
Bei den Aufgaben sollte Ihnen die besondere Situation von Kleinkindern bewusst sein, in der bestimmte Bedürfnisse vorhanden sind.
Bedürfnisse werden nach Maslow in unterschiedliche Ebenen unterteilt, sie bauen aufeinander auf. Sie sollten wissen, dass biologische Bedürfnisse sowie das Bedürfnis nach Sicherheit und Bindung bereits bei Kleinkindern vorhanden ist. Auch kognitive Bedürfnisse bestehen schon: Kinder wollen Neues lernen und sich mit etwas beschäftigen.
Die Bedeutung der Bezugsperson stützt sich auf das Bild vom Kind, das ein Kind positiv sieht, auf die individuelle Entwicklung ausgerichtet ist und jeden Menschen als einzigartig anerkennt.

2. Aufgabe
Welchen Stellenwert geben Sie der Kindertagesstätte für die Entwicklung des Kindes?
Nennen Sie vier Entwicklungsbereiche, in denen sich der Kita-Besuch positiv auswirken kann, und führen Sie je ein Beispiel dazu näher aus.

Lösungsvorschläge:
Die Kindertagesstätte hat eine große Bedeutung für die gesunde Entwicklung von Kindern. Kinder, die eine Kindertagesstätte besucht haben, profitieren z. B. in folgenden Bereichen:
- **Spracherwerb:** Durch den Kontakt zu Gleichaltrigen und die vielfältigen und häufigen Sprechgelegenheiten ist eine günstige Sprachentwicklung mit umfangreichem Wortschatz möglich.
- **Sozialverhalten:** Grundlegende soziale Fähigkeiten werden erlernt und geübt, z. B Rücksichtnahme auf Jüngere durch altersgemischte Gruppen oder auf Kinder mit Behinderung bei inklusiver Pädagogik.
- **kognitive Entwicklung:** In Kindertagesstätten werden vielfältige Angebote im naturwissenschaftlichen Bereich durchgeführt. Die Interessen der Kinder werden bei der Wahl der Themen berücksichtigt, z. B. Angebote zum Thema Wasser, Zahlen, Formen und Farben.

- **Motorik:** Durch Bewegungsangebote im Garten, Wald oder in der Turnhalle werden die Grobmotorik und das Gleichgewicht geschult.

> **TIPPS für die Prüfung**
>
> Achten Sie darauf, die Frage komplett zu beantworten.
> Es sind nicht nur vier Entwicklungsbereiche gefragt, sondern dazu passend je ein Beispiel aus der Kita. Darüber hinaus sollen Sie sich dazu äußern, ob die Kita eine hohe oder niedrige Bedeutung für die Entwicklung von Kindern hat.
> Es ist ausreichend, nur ein Beispiel näher auszuführen. Auch wenn Sie mehrere Beispiele parat haben, bekommen Sie dafür nicht mehr Punkte. Gegen Ende der Prüfung droht Ihnen die Zeit auszugehen, wenn Sie sich bei der Beantwortung der Fragen nicht auf das Wesentliche konzentrieren.

3. Aufgabe

Formulieren Sie drei Ziele für Johannis und begründen Sie diese.
Beschreiben und begründen Sie die pädagogischen Einflussmöglichkeiten hierfür.

Lösungsvorschläge:

Ziel 1: „Johannis nimmt Kontakt zu anderen Kindern auf."
Begründung des Ziels: Dies ist wichtig, da er Spielkameraden für die Zeit in der Kita benötigt. In der sozialen Interaktion mit Gleichaltrigen entwickeln sich viele Fähigkeiten (z. B. Teilen, Konflikte lösen). Zu Hause besteht diese Lernmöglichkeit nicht so ausgeprägt, da er keine Geschwister hat. In der Handlungssituation wird beschrieben, Johannis wirke schüchtern. Er starrt im Kreis auf den Boden und versteift sich, als ein Kind ihn anspricht.

Maßnahme: In der Freispielzeit kann gemeinsam mit Johannis ein Kind ausgesucht werden, das mit ihm zusammen ein Puzzle legt. Die pädagogische Fachkraft ermutigt Johannis und begleitet ihn, auf das Kind zuzugehen. Ist dies eine zu große Herausforderung, kann das ausgesuchte Kind auch mit ihm an einen Tisch gesetzt werden und Johannis ermutigt werden, dort mit ihm in Kontakt zu kommen.
Begründung der Maßnahme: Über das gemeinsame Spiel ist die Kontaktaufnahme zu anderen Kindern möglich, da Johannis gerne puzzelt und sich in der Situation kompetent fühlt. Die Wahrscheinlichkeit, dass der Kontakt zu einem einzelnen Kind gelingt, ist höher als zu einer Gruppe.

Ziel 2: „Johannis bleibt gerne in der Kita."
Begründung des Ziels: Die Eingewöhnung ist noch nicht abgeschlossen. Johannis weint jedes Mal und klammert sich an. Psychosomatische Symptome zeigen, dass er sich in der Kita nicht wohlfühlt: Er hat Bauchweh und lutscht am Daumen, um sich selbst zu beruhigen.
Es ist wichtig, dass sich Kinder in der Einrichtung sicher und geborgen fühlen, sonst erschüttert dies ihr Urvertrauen und wirkt sich negativ auf ihre Bindungsfähigkeit aus.

Maßnahme: Für Johannis sollte eine feste Bezugsperson ernannt werden, die sich intensiv um ihn kümmert und eine Bindung aufbaut. Dies kann in der Teamsitzung geschehen. Die Problematik wird anhand der Beobachtungen erläutert. Es wird dann diskutiert, zu welcher Fachkraft Johannis bereits eine Bindung aufgebaut hat. Dies sind Fachkräfte, von denen er sich beruhigen lässt oder zu denen er kommt, wenn er Trost benötigt. Da die Öffnungszeiten der Kita 12 Stunden betragen, ist auch der Dienstplan zu berücksichtigen.
Begründung der Maßnahme: Johannis lässt sich von der pädagogischen Fachkraft im Stuhlkreis nicht auf den Schoss nehmen, obwohl er bereits seit vier Wochen in der Kita ist. Innerhalb dieses Zeitraumes sollte die Eingewöhnung bereits weiter fortgeschritten sein. In der Handlungssituation wird erwähnt, dass die Schneewittchengruppe von vier unterschiedlichen Personen betreut wird. Die Eingewöhnung gelingt besser, wenn eine Bindung zu einer Person aufgebaut wurde.

Ziel 3: „Johannis zeigt in Gruppensituationen Selbstvertrauen."
Begründung: Laut Handlungssituation wird Johannis starr (Blick, Körperhaltung), als ihn ein Kind im Kreis anspricht. Es ist für Kinder wichtig, an sozialen Situationen in Gruppen aktiv teilnehmen zu können, da das spätere Leben oft aus solchen besteht (z. B. Schule). Die Kita ist ein günstiger Ort für Kinder, um mit Begleitung von pädagogischen Fachkräften zu lernen, welche Auswirkungen ihr Verhalten hat und welches Verhalten zu erfolgreichen sozialen Situationen führt.

TIPPS für die Prüfung

Achten Sie darauf, diese Frage strukturiert und vollständig zu beantworten:

1. Schritt: Suchen Sie in der Handlungssituation drei Probleme, die Sie im Verhalten oder der Entwicklung von Johannis sehen. Notieren Sie diese auf einem extra Blatt, das nicht bewertet wird.

2. Schritt: Formulieren Sie diese Probleme zu Zielen um. Beispiel: „Johannis ist schüchtern."
→ Ziel: „Johannis nimmt Kontakt zu anderen Kindern auf."

3. Schritt: Begründen Sie für jedes Ziel, warum Sie dieses wichtig für die Entwicklung von Johannis finden. Fügen Sie Hinweise aus der Handlungssituation als Belege an.
Nun ist der erste Teil der Aufgabe (Formulierung von drei Zielen mit Begründung) erfüllt.
Es folgt der zweite Teil (Beschreibung einer konkreten Maßnahme für jedes Ziel mit Begründung).

4. Schritt: Überlegen Sie sich aus Ihrem beruflichen Alltag eine Möglichkeit, wie Sie Johannis unterstützen können, das gesteckte Ziel zu erreichen. Stellen Sie diese Maßnahme dar.

5. Schritt: Begründen Sie für jede Ihrer gewählten Maßnahmen, warum ausgerechnet diese Johannis weiterhelfen wird. Arbeiten Sie mit Hinweisen aus der Handlungssituation.

Am übersichtlichsten lösen Sie diese Aufgabe, wenn Sie pro Ziel eine gesonderte Seite verwenden.

Ergänzungen zu den Prüfungsaufgaben:

Stichwortverzeichnis

A

ABCD-Analyse 95
ADHS 46
aggressives Verhalten 44f.
Ainsworth, Mary 22
Aktivität, jahreszeitliche 69
ALPEN-Methode 95
Angebotsplanung 70
Ängste 44
Apgar-Score 98
Arbeitgeber 8
Arbeitnehmer 8
Arbeitsspeicher 17
Arterien 123
Asthmaanfall 127
Aufmerksamkeits-Defizit-Hyperaktivitäts-Störung 46
Aufsichtspflicht 9
autogene Faktoren 20

B

Basis, sichere soziale 16
Basiskompetenzen 31
Bedürfnisbefriedigung 54
Bedürfnishierarchie 14
Bedürfnispyramide 116
Bedürfnisse 14, 52ff.
Bedürfnisse von Säuglingen 102f.
Behinderung 46, 115
Beikost 104
Beobachtung 12
Beobachtung, fachliche 12
Beobachtungsfehler 13
Beobachtungsmethoden 12
Beruf 6
Bestrafung 18
Betriebserlaubnis 87
Bewegung 106, 121
Bewegung, körperliche 72
Bewegungsapparat 122
Bildungs- und Erziehungspartnerschaft 138ff.
Bildungsangebote 70ff.
Bildungsbeziehungen 198ff.
Bildungsprozesse 194ff.
Bindung 22f., 174
Bindung, sichere 23
bindungsfördernde Verhaltensweisen 22
Bindungstheorie 22
Bindungstypen 22
biografische Selbstreflexion 6
Bio-Siegel 82
Blutdruck 126
Blutgefäße 123
Blutzuckerkrankheit 124
BMI 80
Body-Mass-Index 80
Bonding 97

C

chronische Erkrankungen 46

D

Deprivation 102
Diabetes mellitus 124
didaktische Prinzipien 39
Dimensionen pädagogischen Handelns 42

E

Effektgesetz 18
EG-Oko-Basisverordnung 82
Eingewöhnung 202ff.
Einkaufen mit Kindern 82
Einladung 90
Eisbergmodell 27
Eisenhower-Matrix 95
Eiweiße 78
Eltern 138ff.
endogene Faktoren 20
Entwicklung 20f., 29, 160ff.
Entwicklung des Spielens 108
Entwicklung im Mutterleib 97
Entwicklung von Sprache 107
Entwicklung, motorische 24
Entwicklungsfaktoren 20
entwicklungsfördernde Erziehung 33
Entwicklungspsychologie 21
Entwicklungsstufen 15
Entwicklungsstufen 25
Entwicklungsübergänge 56f.
Erkrankungen, chronische 46
Erleben von Misserfolgen 15
erlernte Hilflosigkeit 18
Ernährung, gesunde 77
Erziehung 30, 36
Erziehung, entwicklungsfördernde 33
Erziehung, funktional-unbewusste 32
Erziehung, geschlechtersensible 37
Erziehung, intentional-planvolle 32
Erziehungskonzept 41
Erziehungsstil/-stile 41, 150ff.
Essgewohnheiten 81
exogene Faktoren 20
Extinktion 18

F

Fachbegriffe, küchentechnische 84
Fachkompetenz 7
fachliche Beobachtung 12
Faktoren, autogene 20
Faktoren, endogene 20
Faktoren, exogene 20
Farben 87
Fehlsichtigkeit 128
Feiern 90
Fertigkeiten 6
Feste 68, 90
Fettsäuren 78
Fifo 87
first in–first out 87
formal-operationale Stufe 25
Freispiel 66
frozen watchfullness 113
funktional-unbewusste Erziehung 32

G

Garverfahren 85
Gedächtnis 17
Gedächtnis, sensorisches 17
Gedächtnistechniken 183
Geschlechterrolle 37
geschlechtersensible Erziehung 37
Gesprächsformen 7
Gesprächstechniken 61
gesunde Ernährung 77
Gesundheit 114
Gesundheitsdeterminanten 114
Grundprinzipien der Erziehung 156ff.
Grundprinzipien der Erziehung 36
Gruppe 48, 134ff.
Gruppe, soziale 48
Gruppenformen 48

H

Haltung 50
Handlungsanweisungen 66
Hausmittel 89, 125
hauswirtschaftliche Tätigkeiten 76
Haut 108, 119
Hautkrankheiten 109
Hautveränderungen 109
Hilflosigkeit, erlernte 18
Hinsetzen von Säuglingen 107
Hochbegabung 47
Hygieneplan 88

I

Identität 32
Immunisierung 121
Impfungen 101
Impulse 65
Informationen gliedern 136
Informationen sammeln 176
Informationen verarbeiten 178
intentional-planvolle Erziehung 32
Interaktion 153ff.
interkulturelle Kompetenz 51

J

jahreszeitliche Aktivität 69

K

Kinderkrankheiten 124
Kindesmisshandlung 113
Klanggeschichte 71
klassisches Konditionieren 18
Kommunikation 26f., 153ff.
Kommunikation, negative 66
Kommunikationsstörungen 28
kompetenter Säugling 21
Kompetenz, interkulturelle 51
Kompetenz, personale 6
Kompetenzen 6
Konditionieren, klassisches 18
Konditionieren, operantes 18
Konflikt 8
Konflikte in Gruppen 49
Konfliktlösung 49
konkret-operationale Stufe 25
konstruktivistische Lerntheorie 20
Konzentration 175
Konzept, pädagogisches 36, 40
Konzeption 50
kooperatives Lernen 187
körperliche Bewegung 72
Körpertemperatur 120f.
Krampfanfall 127
Krankheiten 110, 124f.
küchentechnische Fachbegriffe 84
Kunst 73
Kurzzeitgedächtnis 17

L

Lagerdauer 83
Langzeitgedächtnis 17
Leistungskurve 118
Leistungsmotivation 15
Lern- und Arbeitstechniken 180
Lernanlass 17
Lernen 17f., 21, 142ff., 172ff.
Lernen am Modell 20
Lernen in der Gruppe 187f.

Lernen, kooperatives 187
Lernkanäle 180
Lernplanung 184
Lerntheorie, konstruktivistische 20
Lerntypen 180
Lernvoraussetzungen 173
Literacy-Erziehung 62
Loben 33

M
Maslow, Abraham 14, 116
Medien 67, 146 ff.
Medienkompetenz 146 ff.
Mehrspeichermodell 17
Mehrsprachigkeit 190 ff.
Menstruationszyklus 96
Methode 6, 12
Methodenkompetenz 7
Migrationshintergrund 47
Mineralstoffe 79
Misserfolg, Erleben von 15
Motivation 14, 127 f.
Motorik 106
motorische Entwicklung 24
Mülltrennung 94

N
Nähen 89
Nährstoffe 77, 117
Nahrungsinhaltsstoffe 77
Naturwissenschaft 74
negative Kommunikation 66
Neugeborene 99 f.
nichtnormative Übergänge 23
normative Übergänge 23
Normen 30
Notruf 127

O
operantes Konditionieren 18

P
pädagogische Handlungen, Anlässe für 38
pädagogisches Konzept 36, 40
personale Identität 32
personale Kompetenz 6
Persönlichkeit 32
Pflanzen 90
pflegerische Tätigkeiten 55
Pflegesymbole 89
Pflichten 8
Phasen im Tagesablauf 53
Piaget, Jean 25
Praktikum 7
präoperationale Stufe 25

Prinzipien zum Sprechverhalten 60
Prinzipien, didaktische 39
problemlösende Verhaltensweisen 8
Prophylaxen 101
Proteine 78
Prozess der Wahrnehmung 10
Prüfungsvorbereitung 186

R
Rechte 8
Reflexe 100
Reflexion 40
Regelkreis der Kommunikation 26
Regeln 66
Reifezeichen 99
Reifung 21
Reinigung 88
Reize 10
Religion 72
Resilienz 24, 122
Ressourcenorientierung 37
Risikofaktoren für aggressives Verhalten 44
Risikofaktoren für Verhaltensstörungen 43
Rituale 68
Rogers, Carl 16
Rolle 48
Rolle, soziale 6

S
Salutogenese 115
Sauberkeitsentwicklung 107
Säugling, kompetenter 21
Säuglingsfertignahrung 104
Säulen guter Erziehung 42
Schlaf 118 f.
Schlüsselqualifikationen 31
Schwangerschaftsabbruch 98
Schwangerschaftszeichen 97
Selbstkompetenz 7
Selbstreflexion, biografische 6
Selbstwertgefühl 16
Selbstwertschätzung 16
Selbstwirksamkeit 16
sensorisches Gedächtnis 17
sensumotorische Stufe 25
sichere Bindung 23
sichere soziale Basis 16
Sicherheitsartikel 93
Sicherheitszeichen 92
Stillen 103 f.
Sinne 123
Sinnesorgane 10
Sinneswahrnehmung 10
Sonnenschutz 128

soziale Gruppe 48
soziale Identität 32
soziale Rolle 6
soziales Umfeld 174
Sozialisation 34
Sozialisationsinstanzen 35
Sozialisationsphasen 34
Sozialkompetenz 7
Spiel 63 f., 164 ff.
Spielbedingungen 64
Spielbeobachtung 65
Spielformen 64
Spielzeug 65
Sprachbaum 58
Sprachbildung 130 ff.
Sprache 58 ff.
Sprachebenen 59
Sprachentwicklung 58
Spracherwerb 24, 60
Spracherwerb unterstützen 130 ff.
Sprachförderung 61, 130 ff.
Sprachpyramide 59
Sprechverhalten, Prinzipien zum 60
Stress 126
Stufe, formal-operationale 25
Stufe, konkret-operationale 25
Stufe, praoperationale 25
Stufe, sensumotorische 25

T
Tätigkeiten, hauswirtschaftliche 76
Tätigkeiten, pflegerische 55
Technik 74
Teilhabe 31
Temperamentsausprägungen 42
Tragen von Säuglingen 106
Transition 55
Tschöpe-Scheffler, Sigrid 42, 105

U
Übergänge 56 f.
Übergänge, nichtnormative 23
Übergänge, normative 23
Ultrakurzzeitspeicher 17
Umfeld, soziales 174
Umweltbewusstsein 73
Umwelterziehung 94
unerwünschtes Verhalten 19
Unfälle 92, 111 ff.

V
Vegetarismus 81
Venen 123
Verhalten 167 ff.
Verhalten, aggressives 44 f.
Verhalten, unerwünschtes 20

Verhaltensstörungen 43 f.
Verhaltensweisen 22
Verhaltensweisen, problemlösende 8
Verkehrserziehung 75
Vernetzung 51
Verwöhnung 54
Vier-Ohren-Modell 27
Vitamine 79
Vorsorgeuntersuchungen 100

W
Wachstum 21
Wahrnehmung 10 ff., 173
Wahrnehmungsfehler 13
Wahrnehmungsgesetze 11
Watzlawick, Paul 25
Wendtlandt, Wolfgang 58
Werte 30
Werteerziehung 72
Wissen 6
Wissensspeicher 17

Z
Zähne 110, 118
Zahnpflege 110
Zeitmanagement 180
Zubereitung 85 f.
Zusammenarbeit mit Eltern 50

Bildquellenverzeichnis

S.10: Sofarobotnik GbR, Augsburg	**S.92:** Fotolia/ WoGi #39309194
S.11: Vitale Design, Berlin	**S.96; S.104:** Mair, J., München
S.12: Welz, N., Berlin	**S.118/1:** Shutterstock/Denis Kukareko
S.17: Welz, N., Berlin	**S.118/2:** Shutterstock/Vasilyev Alexandr
S.26: Welz, N., Berlin	**S.118/3:** Shutterstock/Sokolova Maryna
S.27: Vitale Design, Berlin	**S.118/4:** Shutterstock/Tatyana Vyc
S.44: Welz, N., Berlin	**S.118/5:** Shutterstock/Donskaya Olga
S.45: Shutterstock/Franck Boston	**S.118/6:** Shutterstock/Netfalls - Remy Musser
S.48: Welz, N., Berlin	**S.130:** Shutterstock/pavla
S.56: Welz, N., Berlin	**S.131:** Welz, N., Berlin
S.58: Sofarobotnik GbR, Augsburg	**S.133:** Welz, N., Berlin
S.61: Welz, N., Berlin	**S.135:** Welz, N., Berlin
S.63: Welz, N., Berlin	**S.137:** Welz, N., Berlin
S.80: Bundeszentrale für gesundheitliche Aufklärung (BZgA)	**S.138:** Shutterstock/Bacho
S.89 Shutterstock/Yurkoman	**S.139:** Welz, N., Berlin
S.92: Fotolia/ WoGi #39309194	**S.140:** Welz, N., Berlin
S.96; S.104: Mair, J., München	**S.141:** Welz, N., Berlin
S.118/1: Shutterstock/Denis Kukareko	**S.142:** Shutterstock/Claudia Paulussen
S.118/2: Shutterstock/Vasilyev Alexandr	**S.143:** Welz, N., Berlin
S.118/3: Shutterstock/Sokolova Maryna	**S.144:** Welz, N., Berlin
S.118/4: Shutterstock/Tatyana Vyc	**S.145:** Welz, N., Berlin
S.118/5: Shutterstock/Donskaya Olga	**S.146:** Shutterstock/MNStudio
S.118/6: Shutterstock/Netfalls - Remy Musser	**S.147:** Welz, N., Berlin
S.130: Shutterstock/pavla	**S.149:** Welz, N., Berlin
S.131; S.10: Sofarobotnik GbR, Augsburg	**S.151:** Welz, N., Berlin
S.11: Vitale Design, Berlin	**S.152:** Welz, N., Berlin
S.12: Welz, N., Berlin	**S.153:** Shutterstock/Oksana Kuzmina
S.17: Welz, N., Berlin	**S.154:** Welz, N., Berlin
S.26: Welz, N., Berlin	**S.155:** Welz, N., Berlin
S.27: Vitale Design, Berlin	**S.156:** Shutterstock/BlueSkyImage
S.44: Welz, N., Berlin	**S.157:** Welz, N., Berlin
S.45: Shutterstock/Franck Boston	**S.159:** Welz, N., Berlin
S.48: Welz, N., Berlin	**S.160:** Shutterstock/Nadezhda1906
S.56: Welz, N., Berlin	**S.161:** Welz, N., Berlin
S.58: Sofarobotnik GbR, Augsburg	**S.165:** Welz, N., Berlin
S.61: Welz, N., Berlin	**S.168:** Welz, N., Berlin
S.63: Welz, N., Berlin	**S.173:** Vitale Design, Berlin
S.80: Bundeszentrale für gesundheitliche Aufklärung (BZgA)	**S.174:** Vitale Design, Berlin
S.89: Shutterstock/Yurkoman	